果樹の病害虫防除

だれでもできる

ラクして減農薬

田代暢哉――著

農文協

まえがき

果樹を栽培するうえで薬剤防除に取り組まなくて済む方はごくごくまれでしょう。温暖多雨のわが国は病害虫天国で、どうしても薬剤のお世話にならざるを得ません。ほかの防除手段を組み合わせるにしても、環境保全型農業が今後の主流になるにしても、果樹の防除では薬剤防除が主役であることには変わりないと思われます。

ところが、過去数十年にわたって防除の主役であり続けてきたにもかかわらず、薬剤を上手に使いこなすということについてはほとんど進歩してきませんでした。多くの人が、薬剤は散布さえしておけば効果があると考えてきたからです。そして、農家によってはほんとうに無駄な、過剰な散布が繰り返される一方で、毎年病害虫被害が発生し、過度な散布による薬剤抵抗性病害虫の問題、周辺環境への悪影響、資材費の増加、自分自身の健康問題や防除がうまくいかないことによるストレス……など多くの問題が山積しています。一番の問題は、薬剤防除についてのきちんとした理論がないこと、そのために、農家が的確な薬剤防除を行なうことができていないということにつきます。

本書は、薬剤防除できちんと効果を発揮するための筋道を示すとともに、その実際をまとめたものです。なかには、特効薬は発生初期段階で効かす、とか展着剤はかえって効果を落とす場合がある、葉の裏よりも葉表の薬液付着が重要、さらには細かい霧の散布では効果が低いなど、「えー、本当？」と思われるような考え方や、やり方もあると思いますが、すべてこれまでに得られたデータに基づいていることばかりです。ぜひ本書を参考に、それまでの勘と経験に頼った、自己流の薬剤防除から、効果を計算できる薬剤防除へ、そして楽しくてやりがいのある防除へと発展させていっていただけたらと思います。

二〇〇七年七月　梅雨明け間近の空を眺めながら

田代　暢哉

目次

まえがき——1

序章　防除は危機管理
——「予防」と「駆除」でリスク回避……11

「予防」プラス「駆除」で防除……11
病気と病気的害虫は「予防」する——12
発生してから「駆除」する害虫——13

防除は危機管理……13
情報収集と予測——14
日頃の備えを十分に——14
的確ですばやい行動——15
事後に評価を——15

I　防除の考え方と手段

1　発生要因から防除を考える……17
病害虫発生の三要因——17
要因の一つを除くか、それぞれを小さくする——18
しかし今は農薬一辺倒——19
防除は科学だ——20

2　環境条件を制御する……20
病原菌の感染条件をなくす——20
降雨を遮断——20
濡れ時間を短縮——20
害虫の発生・増殖場所をつぶす——21

3　樹体を制御する……21
新梢を遅伸びさせない——21
カルシウムを補給する——22
抵抗性品種を利用する——23
キュアリングで傷口をふさぐ——23

4 病害虫を制御する……24
病原菌や害虫の量を減らす――24
病気の伝染源除去――24
害虫の増殖源除去――26
物理的な対策で――26
病原菌・害虫の侵入抑制――26
害虫の行動抑制――26
フェロモン剤の利用――27
生物防除資材の利用――28
薬剤散布――28
殺菌剤は発病の前に使う――28
病気的害虫も予防的に散布――29
殺虫剤は害虫を発見してから――29
5 上手な薬剤散布とは……30
薬剤を選ぶだけではダメ――30
防除暦のタイミングでいいか――30
自己流の散布法はやめる――31
6 防除は総合力で勝負……32

Ⅱ 上手な薬剤の選び方

1 薬剤選びの基本……33
殺菌剤ではこんな剤を――33
同時防除効果の高い剤――33
残効の長い剤――33
耐雨性の高い剤――34
特効薬が必要なとき――35
特効薬の欠点――35
殺虫剤ではこんな剤を――36
同時防除効果の高い剤――36
汎用剤の使用は最小限に
――天敵やただの虫にも効いてしまう――36
残効が長すぎない剤――37
飛来害虫に対しては例外――37
殺ダニ剤ではこんな剤を――37
殺卵効果を最優先――37
サビダニにも効く剤――38
残効が長すぎない剤――38
2 剤型で選ぶならフロアブル剤……38

「なめらかに流れる剤」――38
ラクに調製、防除効果も高い――39
ドライフロアブル剤も使いやすい――39
3　使用薬剤の一覧表をつくる……40
意外に少ない薬剤の種類――40
自分用の薬剤ノートを――40

Ⅲ　薬剤散布はタイミングが大切

1　散布判断のタイミングはどこで……43
こんなときには早めに散布――43
季節が早く進んでいる――43
週間天気予報で多雨を予想――43
これから作業が込みそうだ……44
こんなときには即散布――44
残効が切れた！――44
カメムシを園内で見つけた――44
ミカンサビダニの被害果実を見つけた――44
発生が拡大していた――45
こんなときは散布しない――46
好天続きで残効がまだある――46
害虫が発生していない――46
被害が拡大していない――46
見逃しがちな「病気的な害虫」はこうして判断――46
ハダニ類――46
サビダニ類――47
スリップス類――47
2　休眠期（発芽前）防除を駆使する……49
病気の一次伝染と二次伝染――49
被害が見えない休眠期（発芽前）の防除が肝心――49
休眠期散布の絶大な効果――51
石灰硫黄合剤で――51
マシン油で――52
ボルドー液・銅水和剤で――52
最初の生育期防除を前倒しで散布――52

Ⅳ　農薬を上手に使うコツ

1　農薬＝魔法の薬ではない……55
付着量、それとも被覆率？――狙いを明確に――55
効かす手順や条件を知る――55
新薬に惑わされるな――できるだけ使わない――56

2 防除の組み立ての基本……57
病気は保護剤のリレー散布で――57
害虫駆除は発生を見てから――59
特効薬の使い方――59
発病・発生の初期に使う――59
短期集中散布で――60
3 病気と害虫で違う農薬の使い方……60
薬剤の傘で樹体を守る――雨媒伝染病害の場合――61
樹に薬剤の傘をかぶせる――61
霧なしノズルで少量散布
――散布ムラもOK――62
適用範囲内で高濃度で――63
葉表が肝心、裏までかけるのはムダ――64
散布ムラをつくらない
――害虫・風媒伝染病害の場合――64
樹全体を薬剤で覆う――64
十分な散布量による付着ムラの改善が必要――64
4 混用散布のかしこいやり方……65
必要性をよく見きわめる――65
混用散布の問題点――66
薬害が出やすい――66
防除効果を下げやすい
――とくに殺菌剤は要注意――67
経費がかかる――69
混用散布の利点――70
散布の手間が省ける――70
防除効果が上がる混用例――71
5 量は必要な部位にたっぷり付着させる……73
標準散布量の求め方――73
病虫害によって半分~標準量で――74
標準量以上に必要なとき――74
散布時刻でも変わる付着量――75
早朝散布でたくさんの付着量を確保する――75
害虫に薬液がつくのは朝のうち――76
薬害が出やすい夕方散布――76
昼間散布は霧なしノズルで――76
6 葉の表と裏、散布薬液はどちらにつける?……77
雨媒伝染病害は葉の「表」に――77
雨が当たるのは樹冠の外周部――77
葉裏にカビができるべと病も「表」が大事――78
風媒伝染病害は「表」も「裏」も――78

害虫は狙い撃ちで――79

7　果実糖度を下げない防除とは……79
単純比較は難しい――79
明らかに糖度は下がる
――カンキツ類での比較試験結果――79
光合成低下が糖度に影響――80
光合成盛期の夏の散布が影響大――81
防除しないと糖度は結局は低下する――81
果実糖度を下げない薬剤防除――81

8　耐性菌や抵抗性害虫を出さなくするには……82
抵抗性といえば殺ダニ剤――82
抵抗性の発達と新剤とのイタチごっこ――82
ダニ剤は必ず効かなくなる――84
長命なダニ剤の共通点――85
すぐれたダニ剤は切り札で使う――86
数年に一回なら効きめは長持ち――87
特効薬は出始めにピシャッと効かす
――しっかり量もかける――88
効き目が悪くなったと感じたら――89
安易なローテーション散布は禁物――90

V　雨を制する者は病害虫を制する

1　雨は病原菌の広がりと感染に欠かせない……91
雨は病気の目ざまし時計――91
雨は病原菌の運搬役――92
病原菌の拡散、感染を助ける――92
害虫の活動をにぶらせる効果も――93
薬剤を流亡させ効果をなくす――93
雨との関連から見た病害防除のポイント――93

2　雨の前と後、防除はどう違う？　どちらがいい？……94
予防は雨前が原則だが…――94
各薬剤の耐雨性を知っておく――95
累積降雨量で散布適期を把握――95
降雨予想に敏感になる――96
降雨まで散布後一～二日はほしい――97
雨中散布でも有効な場合もある――97
【囲み】リンゴの減農薬は雨前散布から
青森県大鰐町・木田節郎――98
雨が降り続くときには…――99

付着ムラを気にせず、樹冠にサッと散布――99
SSやレインガン搭載軽トラ散布――99
濃度は適用内でできるだけ濃くする――99
害虫は雨後散布で対応
――殺虫剤・殺ダニ剤は雨に流れる――100
雨後散布でも効く殺菌剤もある
――DMI（EBI）剤の大きな効果――100
混用散布は、雨前？　それとも雨後？――101

3　農薬の持続期間も雨で決まる……101
防除で一番大事な残効期間――101
残効期間は農薬によって違う――102
実際の残効期間は雨量で決まる――103
「防除適期判定雨量計」のつくり方、使い方――105
準備するもの――105
つくり方――105
設置場所――105
使い方――106
入手先・価格など――106

Ⅵ　防除の武器を使いこなす

1　展着剤を効果的に使う……109
展着剤は三つに分けられる――109
三つの展着剤の性質――110
効果は薬剤が効力不足のときに現われる――110
付着薬液量は大幅減になる――110
では、展着剤の効果は？――112
薬液の付着の仕方と防除効果――112
付着量と被覆率を考えれば…――112
保護殺菌剤で有効な固着剤――114
パラフィン系展着剤――114
樹脂酸系展着剤――117
固着剤を上手に使うには――117
展開剤が有効になるのは――117
薬液の被覆率を向上させる――118
ナシ黒斑病の防除効果も向上――119
展開剤の加用による防除効果の低下原因
（展開剤の欠点）――119

2　ノズルしだいで防除効果は大きく変わる……120

ノズル選択の基本――120
何といっても防除効果
――遠達性と付着量のよいものを――120
快適さと安全性も追求できるものを選ぶ――122
お勧めはドリフト低減ノズル――123
代表的なノズルの特徴と使い方――123
〈ピストルノズル〉――123
〈広角タテ型ノズル〉――124
〈ドリフト低減ノズル〉――125

3　スピードスプレーヤーでムラ・ムダなく散布する工夫……130
走行列の棚面の効果が低い――130
重要防除時期は全通路を走行する――131
ドリフト量を減らす――131

4　ぜひそろえたい常備薬――マシン油とボルドー、石灰硫黄合剤……131
マシン油――132
〈休眠期散布〉――132
〈生育期散布〉――132
〈夏季マシン油散布のコツ〉――133
〈夏季マシン油散布の注意点〉――134
ボルドー液――減農薬防除に欠かせない薬剤――135
〈ボルドー液の特徴〉――135
【囲み】ボルドー液誕生のいきさつ――136
〈ボルドー液の問題点〉――137
〈ボルドー液の調製方法〉――139
〈散布上の注意点〉――141
〈ICボルドーの利用〉――141

あとがき――143

本文イラスト・タシロ　ユキ

序章

防除は危機管理――「予防」と「駆除」でリスク回避

「防除」という言葉は当たり前のように使われています。しかしその意味をちゃんと理解している人はとても少ないのが現状です。「防除って薬剤散布のことだよね、消毒のことでしょ」と、防除＝薬剤散布＝消毒と短絡している人がほとんどです。しかしこうした理解では、病害虫被害に悩まされることになります。「防除」とは何なのでしょう？

「予防」プラス「駆除」で防除

辞書を見ると防除とは「農作物の病害虫を防ぎ、除くこと」とあります。大変シンプルな表現で、もうひとつよく理解できません。「防ぎ、除くこと」とはいったいどのような意味なのでしょうか。この意味がよく理解できると、「防除」というものに対する考え方がすっきりします。

そこで、まず防除という言葉の成り立ちを見てみます。そうすると、防除とは二つの言葉が合成されてできあがったものということに気付きまされて

防除って何？

す。その二つの言葉とは「予防」と「駆除」です。それぞれの言葉の「防」と「除」を組み合わせて「防除」という言葉が成り立っています。日頃、何げなく使う言葉ですが、その成り立ちを知っている人は意外と多くありません。各地の研修会や講演会でいつもこのことを尋ねるのですが、正解率は五％以下といったところでしょうか。

本質を理解していなくて、実際の防除をうまく行なうことはできません。基本的な考え方を押さえておくことが大切です。

❖病気と病気的害虫は「予防」する

では、病害虫防除における「予防」とは、どのようなことでしょうか。「予」は「あらかじめ」、「防」は「防ぐ」ことですから、予防とは「あらかじめ（前もって）防ぐ」という意味になります。では何をあらかじめ防ぐのか？

病害虫防除においてそれは主に「病気」と「病気的害虫」です。

果樹の場合、病気になってしまうと、人間と違って元の状態に戻すことは絶対にできません。果実にできてしまった病斑を消すことはできないのです（枝や幹の病斑は削り取れますが）。そして一個でも病斑のある果実は、現在の一般的な流通過程では商品として評価されません。園芸作物、とりわけ果樹は、他の作物に比べて大変ハードルが高いのです。

だからこそ皆さんには失敗が許されないわけで、この場合の有効な対策としては「予防」あるのみです。果樹の病気は「治療」よりもまず「予防」が大切な理由がここにあります。また、病気の原因である病原菌はあまりにも小さくて人間の目で見ることができないので、その量の多少や感染の様子がわからず、「予防」に頼らざるを得ないという面もあります。

一方、害虫は目に見えるのですが、スリップス類やサビダニ類などはとても小さいために見逃しやすく、初発生に気付かないことが多いので、注意が必要です。私はこうした微小害虫を「病気的な害虫」と呼んでいます。これら微小害虫に対しては「駆除」という考え方では手遅れになるので、病気と同様な予防策をとります。

❖発生してから「駆除」する害虫

「駆除」とは「追い払い、殺して取り除くこと」と辞書にあります。このことからわかるように、「駆除」は病気よりも害虫に対して使う言葉といえます。害虫が病原菌と違って人間の目で見ることができ、さらにその加害が致命的な被害にただちにつながらないので（カメムシ類の大量飛来による落果は別）、発生を確認してからの対応で何とかなるからです。この場合、被害ではなくて「発生」というのがポイントで、早期に見つけることが大切になります。

なお、最近は害虫に対しても予防の重要性が認識され、駆除主体の害虫対策から、予防策を取り入れた対策がとられるようになっています。「予防」は病気に対してだけというわけではありません。

トホホ…
きちんと予防してくれていたらよかったのに。
もうどうしようもない…

病害虫対策は何といっても予防から

防除は危機管理

病害虫は危機であり、防除は管理という考えが成り立ちます。病害虫防除とは、言い換えれば「危機管理」ということです。

危機管理に必要なことは何でしょうか？

❖ 情報収集と予測

危機管理を的確に行なうには、まず危機を察知しなければなりません。情報収集です。情報がなければ、どうやって対応してよいか判断できません。ありとあらゆる手段を使って相手のことを知ることが必要です。

日頃から、病害虫についての知識、情報を増やしておくことです。これは事前の情報収集であるとともに、危機に対応できる能力を向上させておく狙いがあります。

次に大事なのは、得られた情報をもとにした相手の動きの予想です。前年の発生状況、今年の気象の長期予報などから大まかな動きをつかみます。

そして今現在の相手の様子です。実際に発生しているのか、発生している場合その量はどのくらいなのか、今後の動向は……などです。短・中期的な気象情報も欠かせません。これらの情報を、自分の園での観察のほかに普及センターや防除所、ＪＡなどから入手します。

危機を予測することができれば、その回避は上手にラクに行なえます。

❖ 日頃の備えを十分に

精神、資材両方の準備が必要です。あの病害虫が発生したらどうするかと、日頃から予測するくせをつけておきます。そうすることで、その場になってあわてずに的確な判断を行なうことができます。もちろん、資材や農薬の準備も欠かせません。皆が必要とすると品切れにもなります。それでは間に合いません。収集した情報をもとに問題になると思われる病害虫を予測し、有効な薬剤を準備しておきます。

また日頃の備えとして、耕種的な対策が重要です。耕種的な対策の効果は通常年だとあまり実感できませんが、多発生年には大きく現われてきます。

❖的確ですばやい行動

ちょっとでも異変に気がついたら、すぐに対応します。まだ大丈夫と思っているうちに瞬く間に発生が拡大して大きな被害につながります。手遅れにならないようにすばやく行動に移しましょう。先手必勝です。

❖事後に評価を

そして最後に大事なのは、事後の評価です。とった行動が正しかったかどうかを検証します。発生や被害が拡大していれば、最初の対応が間違っていた、不十分だったということです。ただちに次の対策を考え実行します。

〈理解度チェック〉

- □防除の意味
- □病気と害虫の違い
- □害虫と病気的害虫の違い
- □病気と病気的害虫には予防
- □害虫には駆除
- □害虫の予防策

Ⅰ 防除の考え方と手段

防除といえばすぐに思い浮かぶのは薬剤散布です。しかし、薬剤散布だけで病害虫被害を完全に抑えることはできません。効果の高い防除を行なうには、薬剤散布以外の手段についても理解を深め、それらをうまく組み合わせることが重要です。

1 発生要因から防除を考える

❖病害虫発生の三要因

防除の考え方を理解するためには、まずは病害虫被害の発生要因について理解しておく必要があります。病害虫の被害が発生するには、

①病原菌・害虫が存在する
②病原菌の感染・発病および害虫の発生・増殖に好適な環境条件が整っている
③樹体が病気に感染しやすく、害虫の加害を受けやすい状態である

の三つの要因がすべて揃っていなければなりません（図1—1）。一つや二つがあっても被害は絶対に発生しません。

たとえば、病原菌が大量にあり、樹体が病気にとてもかかりやすいような状態であっても、感染に好適な環境条件、つまり病原菌の胞子発芽に必要な水分が一定時間なければ、発病することはありません。病原菌があって、感染に好適な環境条件が整っていても、樹体が抵抗性品種であったり、その抵抗力が強い場合には、これまた発病す

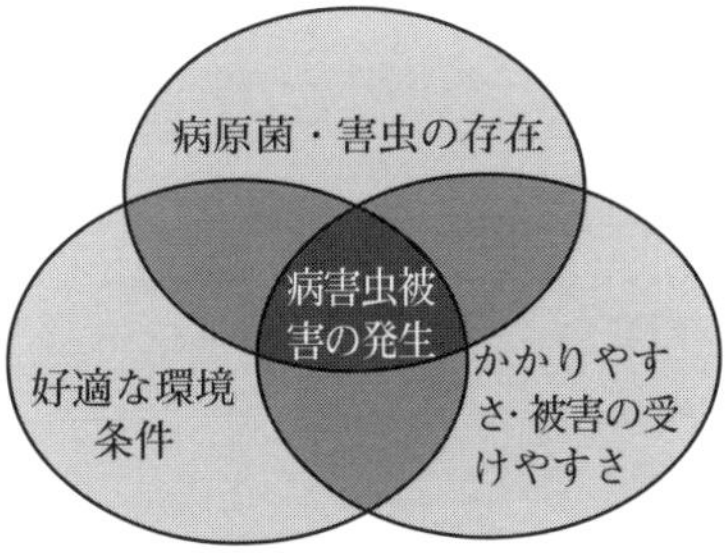

図1—1　病害虫被害が発生するための3つの要因
3つの要因が重なったときだけ，被害が発生する。それ以外のときは絶対に発生しない

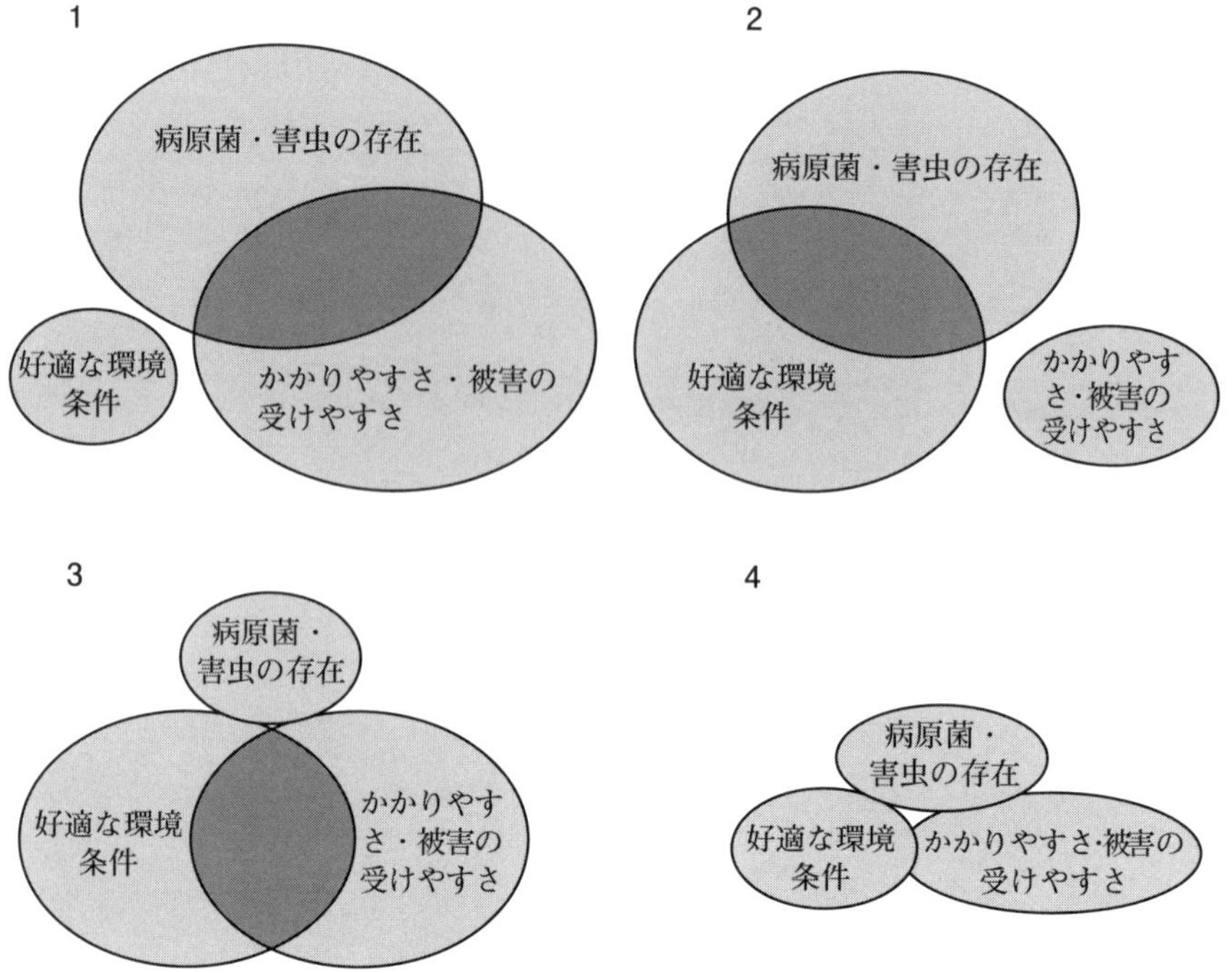

図1－2　防除の考え方；3つの要因の重なりをなくす

1. 環境条件を制御（降雨遮断，濡れ時間の短縮）
2. 樹体を制御（抵抗力増強，抵抗性品種）
3. 病害虫そのものを制御（密度低減，侵入・定着および感染・発病阻止）
4. 総合的な防除（すべての要因を制御）

ることはありません。

究極的には、樹が丈夫で、伝染源や発生源が一つもなく、発病に適さない園内環境であれば薬剤散布は不要といえます（園内で越冬したり、世代交代を繰り返す害虫の場合も同じ。ただし、カメムシ類やゴマダラカミキリ、スリップス類のように園外から飛来する害虫は対応が困難な場合もあります）。

❖要因の一つを除くか、それぞれを小さくする

三つの要因すべてが揃わなければ発生しないなら、三つのうちのどれか一つを取り除いてしまうか、要因の大きさを小さくしてしまうかすればいいわけです。そうすれば被害は発生しないか、発生しても問題にならない程度にまで抑えることができるはずです（図1―2）。その方法や組み合わせの一つひとつが、防除手段ということです。

図1－3　薬剤散布の効果を高めるために耕種的な対策は欠かせない

❖しかし今は農薬一辺倒

ところが、現在は「防除とは農薬散布」「農薬さえかけておけば被害は抑えられる」などと考えている人があまりにも多いのです。農薬の使用はあくまで一つの手段に過ぎません。しかし、農薬に大きく依存しているのが今日の果樹栽培の現状です。

農薬のおかげで生産が安定し、高品質の果実が収穫できることは確かです。わが国のように高温多雨条件で、ナシやブドウ、モモ、カンキツなどが栽培できるのは、まったく農薬のおかげです。ボルドー液や石灰硫黄合剤に頼っていた戦前と比べると現在は夢のようです。その頃はすぐれた農薬がなかったために、防除は耕種的な対策に頼るしかありませんでした。しかし、すぐれた農薬が開発され使用されるようになってからは、防除は農薬で行なうことが当たり前になってしまいました。落葉や発病葉梢の除去、枯れ枝や枝病斑のせん除、幹のコモ巻きといった耕種的対策は顧みられなくなりました（図1—3）。農薬は散布（施用）さえすれば効果が上がる「魔法の薬」になってしまったのです。現在は「農薬依存症」といってもよい状況です。

❖防除は科学だ

また、農薬依存の防除を長年続けてきた結果、樹や病害虫の様子を観察する気持ちも能力も、低下しています。農薬散布以外の防除の基本がおろそかになり、的確な危機管理ができずに思わぬ被害を招いている例が多々見受けられます。その証拠に、毎年何らかの被害が問題になっています。そしてその原因を、天候不順だ、異常発生だ、などと後になって言い訳がましく語っています。この繰り返しでは進歩がありません。

病害虫防除は科学です。理論に基づいた防除を行なえば、たいていは対応できます。正しい理論、理屈を身につけていくことが大事です。

次から病害虫発生の三要因についてそれぞれ見ていってみましょう。

2 環境条件を制御する

❖病原菌の感染条件をなくす

降雨を遮断

大部分の病気の増殖と伝染、感染には雨が必要です。このため、雨よけ栽培や施設栽培を行なうことは病害予防に大変有効で、結実安定にもつながります（写真1—1）。

写真1－1　ブドウの雨よけ栽培

ハウスミカンで黒点病やそうか病が問題にならないこと、雨よけ栽培ではナシで黒星病が、ブドウで黒とう病や枝膨病の発生がきわめて少なくなることなどはそのいい例です。

濡れ時間を短縮

病気が発生しにくくなるような栽培

環境の整備も重要です。

病原菌の多くは感染に水滴が必要です。胞子が発芽し、植物体へ侵入するまでの数時間（早いもので一時間、長い場合には一〇時間程度）、水滴が胞子のまわりに保たれていなければ感染はしません。感染阻止対策としては園内の通風、乾燥、日当たり、排水をよくして植物体上の水滴保持時間をできるだけ短くすることが有効です。

具体的には、葉、枝、果実が込み過ぎないようにし、密植園では間伐や縮伐を行ないます。こうすることによって樹体への薬液付着も良好になって、防除効果が高まります。さらに、防風樹の手入れをきちんと行ない、溝切りをして排水をよくします。風通しの悪かったミカン園の防風樹にちょっと手を入れるだけで、黒点病の発生が激減するのはそのいい例です。

❖害虫の発生・増殖場所をつぶす

害虫は、葉と葉や枝、果実が込み合って重なっている部位でよく増殖します。葉、枝、果実の込み過ぎを整理することが大事です。粗皮の下にもぐりこんでいる害虫も多いので、粗皮はぎを行なって除去します。

風よけのために植え付けた防風樹に害虫が増殖することがあります。チャノキイロアザミウマはマキで増殖します。ヒノキやスギの実（きゅう果）はカメムシ類の絶好の餌になり、成虫が棲息するとともに幼虫が増殖します。

また、チャノキイロアザミウマはチャでも増殖するので、園の周囲にあると激しい被害を生じます。ナシやモモ園近くのサクラなどではシンクイムシ類が増殖しています。園の周りに害虫の増殖源がないかチェックして、できるだけ除去するようにします。

3　樹体を制御する

❖新梢を遅伸びさせない

枝や葉がだらだらと伸びて硬化するまでの期間が長いと、それだけ病害虫の被害を受ける時間が長くなります。病気の多くは硬化した葉や枝、果実には感染できません。害虫も硬い葉は加害しにくくなります。病気も害虫もともに柔らかいところが好きなのです。

いつまでもだらだらと新梢が伸びるのは、品種由来の特性とチッソの遅効きとの二つの原因があります。早生品種は新梢の硬化は早いですが、晩生品種はどうしても硬化までに時間を要します。

これは品種の特性でどうしようもないことなので、薬剤散布回数を増やすことで対応します。チッソの遅効きは有機物を多く施用した場合におこります。適正施用量を守ることが大切です。

❖カルシウムを補給する

カルシウムが不足している土壌はその補給が必要です。写真1―2はカルシウム資材（カキ殻石灰）を五年間継続して施用した園と五年間無施用の園、それぞれの温州ミカン果実にカンキツ褐色腐敗病菌を四時間感染させたときの様子です（上段）。この菌は接種後一時間で感染が始まり、二五℃前後の適温では四時間もあれば感染が成立します（上段右）。ところが、カルシウム施用園の果実（上段左）はまったく発病していません。さらに、接種後四八時間を経過した段階（下段）では、無施用園の果実が激しく発病していても、施用園の果実は発病がかなり軽いことがわかります（下段左）。カルシウムが豊富だと病気にかかりにくいといえます。

土壌中のカルシウム含量を測ることは簡単にはできませんが、pHからだいたいの推測はできます。最低でもpH

写真1－2　カルシウム（Ca）施用による病害抵抗力の向上
上段は温州ミカンにカンキツ褐色腐敗病菌を4時間接種，下段は，48時間接種したときの様子。
カルシウム施用園の果実はかなり発病が抑えられている

五・五以上を目指してカルシウム資材を施用します。

なかには「あなたの園の土壌pHはどれくらいですか」と尋ねても「知りません」「何年か前に計ってもらったけど、忘れてしまった」などと答える人がいます。これではカルシウム補給どころではありません。まずは、自分の園の土壌pHを調べることから始めてください。

残念なことにわが国の樹園地の土壌pHはおしなべて低く、強酸性土壌となっています。これでは病気にかかりやすい条件をつくっているようなものです。酸性改良にすぐ取りかかる必要があります。

❖抵抗性品種を利用する

同じ樹種でも病害虫に対する抵抗性は大きく違っています。温州ミカンはそうか病に弱く、かいよう病に強い。中晩生カンキツはかいよう病には弱いが、そうか病は発生しません。ナシは二十世紀が黒斑病にきわめて弱いが、幸水では発生しないなど多くの例があります。自分が栽培する樹種について病害虫抵抗性の品種間差異をよく理解しておくことが大切です。

❖キュアリングで傷口をふさぐ

カンキツ果実腐敗の病原菌は果実の傷口からだけ感染します（軸腐病だけは違います）。枝の刺し傷や枯れ枝、小石がコンテナに入って傷の原因になります。これらの傷は大きく、果実はすぐに腐るので発見は簡単です。しかし、とても小さな傷口からの腐敗の進行は遅く、なかなか気付きません。このため、中晩生カンキツでは長期貯蔵中にじわじわと腐敗果実が増加していきます。

この傷口をふさぐための方法に、高温処理（温度三五℃、湿度一〇〇％、三日間処理）があります。このキュアリング効果によって傷口がふさがれ、貯蔵中の果実腐敗は激減します（図1―4）。高温処理には減酸効果も期待できます。

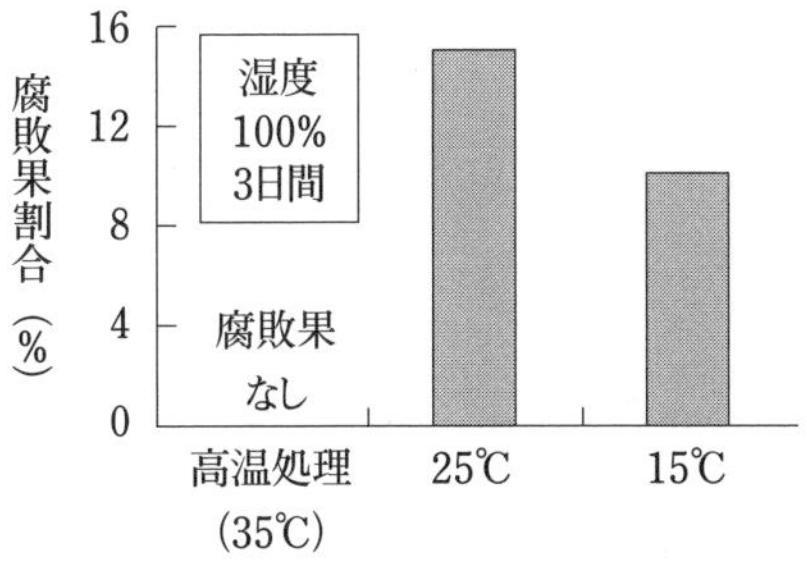

図1―4　高温処理による腐敗果の抑制効果
品種：不知火（2004年試験，佐賀果樹試松元ら）

4 病害虫を制御する

❖病原菌や害虫の量を減らす

日頃の栽培管理のなかでも病原菌や害虫の量を減らすことはできます。もちろんそれだけで被害を完全になくせるわけではありません。しかし、減らしたぶんだけ必ず薬剤散布の効果が高まります。薬剤散布の効果を高めるために耕種的対策は欠かせないのです。

このような日頃の努力は、通常の気象条件のときは実感できません。しかし、雨が続いて薬剤散布ができないようなときや病害虫が大発生したようなときには、その違いがはっきりと現われます。薬剤の力で日頃は隠されていた努力が、薬剤の力が弱まったときにはっきりと見えてくるのです。では、どのような方法があるでしょうか。

病気の伝染源除去

まず、病害の発生源になるせん定枝や夏秋梢、枯れ枝、落葉、発病した枝や葉、花弁、果実の処分を徹底することです。この作業は休眠期、生育期を問わず、年間を通して実施します。見つけたらいつでも除去するくせをつけておきます。後回しはダメです。小さな、あるいはほんの少しの病斑でも、そこで病原菌は爆発的に増殖します。見つけたらすぐに実行しなければなりません。園に行くときは必ずハサミやノコを持参し、発病した枝や葉・果実を見つけ次第除去するようにします（図1―5）。

カンキツ類では黒点病の伝染源になる枯れ枝を取り除きます。ナシでは輪

写真1―3，4　厚く積もったナシの落葉はそのままにせず，ラビットモアですき込む

写真1―5　園内に放置された摘果果実
緑かび病菌の胞子が大量に形成された果実が散見される

図1―5　病害虫の発生源を減らす日頃の手入れが大切

紋病の伝染源になる枝のイボ病斑を削り取ります。さらに翌年の黒星病の伝染源になる落葉を園外へ持ち出したり、すき込んだだけで発生が激減します（写真１―３、４）。ブドウでは、落葉がべと病の伝染源です。落葉は園外に必ず持ち出します。

またカンキツ園では、摘果果実で緑かび病菌などが増殖して園内の菌密度が上昇し、腐敗果の多発生につながります（写真１―５）。腐敗果を除去するだけで菌密度の上昇を防ぐことができ、腐敗果発生の抑制につながります（図１―６）。

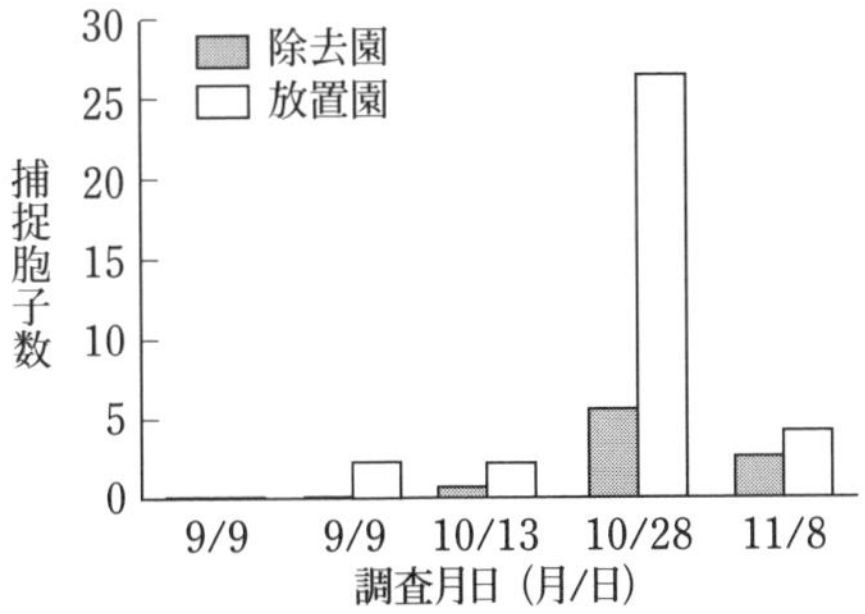

図1―6　放置された摘果果実を除去することで園内の飛散胞子数は激減する
園内に設置したシャーレーに捉えられた緑かび病菌の胞子数（2005年調査）

病原菌は樹体や落葉にだけ棲みついているわけではありません。ナシの赤星病は園外に植わっているビャクシンやカイヅカイブキで増殖して胞子がナシ園に飛んできて発病します。キウイフルーツのかいよう病は園周辺の山林に自生しているサルナシで増殖します。発病を軽減するにはこれらの増殖源をなくすことが大切です。

害虫の増殖源除去

害虫が発生している枝や葉を見つけたらすぐに除去します。手で取り除いてもいいし、ハサミやノコでせん除してもＯＫです。ただし、園内にそのまま放置したのでは何の意味もありません。穴を掘って埋めるか燃やします。枝や幹についているカイガラムシはつぶしたり、こすり取ります。

また、防風樹として園周囲に植えているスギ、ヒノキはよく刈り込んで、カメムシ類の増殖源になるきゅう果をできなくさせるか、最初から防風樹として植えないようにします。園の周りにチャノキイロアザミウマの好物のチャやマキを植えないことも、必要です。

❖物理的な対策で

物理的な手段、つまり袋や障壁によって病原菌や害虫の侵入をシャットアウトしたり、光反射資材によって害虫の行動を制御したりすることでも被害回避はできます。

病原菌・害虫の侵入抑制

果実に袋掛けをしておけば、病原菌の侵入、害虫の加害はほぼ完全に防げます。ブドウやナシ、モモ、リンゴ、ビワなどの袋掛けの目的はここにあります。袋掛けのスケールを大きくしたのが、ネット資材の設置です。害虫の大きさに応じた目のネットをハウスの周りに張って、カメムシ類やスリップス類の侵入を防ぎます（写真1―6）。露地でもそう広くない面積であれば、カメムシやヤガ対策の網掛けは適用できます。

写真1―6　ハウスミカン園のサイドに張り巡らしたスリップス類侵入抑制ネットと光反射シート

害虫の行動抑制

ハウス内へのスリップス類の侵入を防ぐために紫外線除去フィルムを張ったり、ハウス周囲に光反射シートを設置したりします。紫外線除去フィルムが張ってあるとスリップス類は近づかないし、光反射シートは太陽の方向を見失わなせて飛べなくしてしまいます。

露地栽培でも光反射シートを設置したり、白塗剤を枝幹に塗布することによってチャノキイロアザミウマの被害を回避できます（写真1―7、8）。白塗剤を散布するとミカンの樹全体が真っ白くなりますが、光合成や果実品質には何の問題もありません。五月下旬から九月上旬まで塗っておけば、チャノキイロアザミウマ対策の殺虫剤散布は必要ありません。

写真1―7　果実糖度上昇とチャノキイロアザミウマ被害軽減のために敷きつめた光反射シート（温州ミカン園）

写真1―8　チャノキイロアザミウマの被害軽減を目的とした白塗剤の散布

左が散布樹で樹は真っ白になるが，光合成の能力が低下することはなく，果実品質が悪くなることはない

❖フェロモン剤の利用

シンクイムシ類やハマキムシ類は交信攪乱フェロモン剤（コンフューザー）で交尾を阻害できます（写真1―9）。産卵数が激減するので被害が軽減され、これらを対象とした殺虫剤の散布は不要になります。ただし、他の害虫には効果がないので、必要に応じた薬剤散布が必要です。

また、カメムシ類の集合フェロモン剤を利用した園外誘導と大量誘殺は実用化までもう一歩のところになっています（写真1―10）。

写真1―9　シンクイムシ類の被害軽減のための交信攪乱フェロモン剤の設置（ナシ園）

❖生物防除資材の利用

生物防除資材とは、天敵や昆虫寄生性病原菌、発病抑制微生物などです。もともとこれらは自然界で害虫や病気を抑制しています。しかし、自然の営みの中のできごとですから、目をみはるような特別な効果はありません。

それでも、その働きに目をつけて天敵などを農薬的に使用できるようにしたものが生物防除資材です。ハダニ類に対するカブリダニ類、ゴマダラカミキリに効くボーベリア菌（写真1—11）、灰色かび病に効果のあるバチルス菌（納豆菌）などがあります。効果は目的とする病害虫だけで、他の病気や害虫を同時に防除できないのが欠点です。

写真1—10　ネオニコチノイド剤を散布したカメムシ類集合フェロモン設置樹
大量飛来時に1樹で約30万頭が一晩で誘殺されている

写真1—11　ボーベリア菌を含ませた資材をミカンの樹に巻きつける

❖薬剤散布

以上で説明した手段を駆使すれば、病害虫の被害はかなりの程度まで抑えることができます。ほぼ完全に抑制できる場合もあります。ほ場衛生や耕種的な対策、日頃の肥培管理の重要さがここにあります。しかし、これですべてうまくいくものでもありません。その不十分さを補うのが、農薬です。

殺菌剤は発病の前に使う

「殺菌剤」はその言葉のイメージから、「菌を殺してしまう」という、何か恐ろしい感じがします。しかし実際には、菌そのものを殺す力はありません。多くは病原菌の胞子の発芽を抑制し、そのことで感染と発病を抑えているだけなのです。

殺菌剤は大部分が予防剤です。予防剤は保護剤ともいいます。つまり前もって散布した場合に限って樹体を保護し、病原菌の感染から守ります。しかし、病斑に棲みついている病原菌を殺す力はありませんし、発病を認めてからの散布では広がりを抑えるのがやっとです。この点からも病害は「予防」で対応することが大切です。

もちろん、病気によって効く薬剤の種類も効果の持続期間も異なるので、農薬についての深い知識が必要です。一方で、効果の持続期間は病気の進展具合や降雨の多少、樹や果実の生育スピードにも大きく影響されます。このため日頃の観察が大切になるし、降雨量など気象条件もつねに気を配っておく必要があります。

いったん病気が発生したら、果実の商品価値は失われます。治療して元に戻すことはできません。車のボディーの凹みを元に戻すようなわけにはいきません。病気は出したらおしまい。だから、「病気は予防」と覚えておいてください。

病気的害虫も予防的に散布

害虫の発生時期はだいたいわかっています。この時期に合わせて殺虫剤を予防的に散布することになります。しかし、気温の高低（正確には積算温度）によって発生は早くなったり遅くなったりします。そこで、その年の気象条件をよく考慮して対応します。とくに露地栽培の果樹でこれは大事です。

一方、施設栽培では環境条件が毎年ほぼ同一なので、果樹の生育ステージを考えた殺虫剤散布が必要です。もちろん、露地、施設ともに観察が重要なことはいうまでもありません。小さくて見えにくいスリップス類などはトラップを設置して発生動向を探ります（「見逃しがちな病気的な害虫はこうして判断」46ページも参照）。

殺虫剤は害虫を発見してから

目ではっきりと見ることのできる大きさの害虫対策は発生を確認してからですが、重要なことは、どの時点で発生を確認するかということです。発生に気付くのが早ければ早いほど防除効果は高くなり、逆に手遅れになるとどんなに駆除で対応できるといっても大きな被害が出てしまいます。つねによく観察しておくことが大切というわけです。

観察といっても難しいことではありません。毎日園地に足を運び、樹や果実の様子を見るだけです。きわめて基本的なことです。その場合、害虫の種類によって観察のポイントが違ってきますので、そのポイントを逃さないようにしなければなりません。

5 上手な薬剤散布とは

薬剤防除で成功するには、図1―7で示したように「剤の選択」「散布タイミング」「散布法」の三つの要因が満たされている必要があります。このうちの一つが欠けてもその防除は失敗におわるか、効果の低いものになります。

❖薬剤を選ぶだけではダメ

しかし現実には「適切な薬剤の選択」、つまり「効く薬剤は何か」ということに目が向いている人がほとんどです。農薬についての相談でもっとも多いのが、「一番効く農薬を教えてほしい」「今使っているのより、もっと効果のある薬剤を知りたい」「新薬を教えてくれ」「農薬を散布したが効果がない。替わりの農薬を教えて」などの質問だからです。「農薬は散布すれば効くし、とくに新薬の効果は高い」と信頼しているからだと思われます。それだけ信頼を寄せている証拠でもありますが、逆に効くはずの農薬の効きが少しでも悪いと、原因をすぐ農薬のせいにしてしまう理由にもなります。農薬そのものより、本当は「散布時期が遅かった」り、「散布量が少なかった」りしたことによる場合が少なくないのですが、それは棚に上げていることがほとんどです。

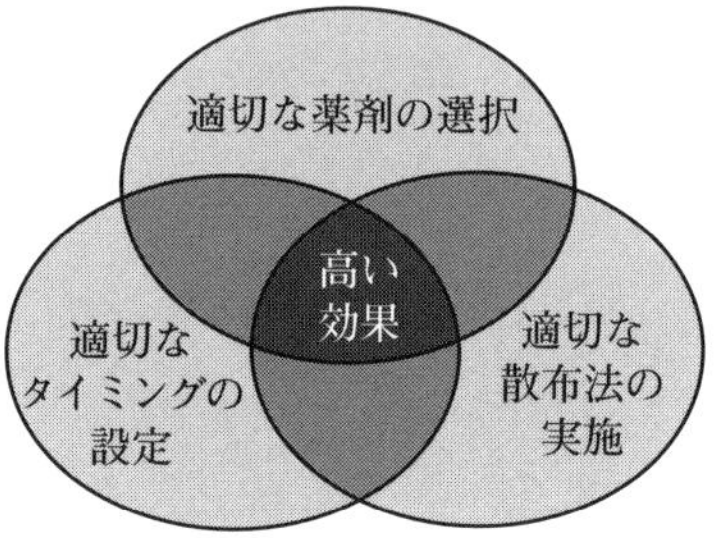

図1―7　薬剤防除がうまくいくための3つの要因
3つの要因が揃ったときにだけ高い防除効果が現われる。そうでない場合の効果はないか，低い

❖防除暦のタイミングでいいか

タイミングの設定についてはどうでしょう。一般にはJAなどでつくられた防除暦に頼る散布が行なわれています。しかし、防除暦は平年並みの気象条件と病害虫の発生状況に基づいてつくられた基準に過ぎません（図1―8）。いざというときの危機管理には対応できないものです。

防除暦も参考にしながら、自分で病害虫の発生を把握し、適切な防除タイミングを決めていけるようにならなけ

あくまでも参考なんだね，
気象や発生状況を考えないとね
僕は参考にして，
あなたの園に
とって最適の
防除プランを!!
よく観察して
判断するよ!!
防除暦

図1－8　防除暦だけに頼らず自分で最適散布時期の判断を

ればなりません。自分のオリジナルな薬剤防除を実施していくことです。

そのためには、「今、何をまけばいいか」「何を防除すればいいのか」といった防除暦レベルの常識は早く脱して、自園の観察、生育や気象条件の把握など積極的な意欲をもつことが必要です。今現在のピンチを切り抜ければいいという考えはやめて、防除を科学的につめていく姿勢が求められます。

❖自己流の散布法はやめる

散布法ほど自己流なものはありません。一〇人寄れば一〇通りの散布法があります。まずノズルが違います。散布圧力も違います（大部分の人は高圧ですが）。竿の動かし方も十人十色です。散布量もバラバラです。しかし、そのときどきの状況で最適なノズル、散布圧力、散布量、竿の動かし方があります。どのような方法が一番効果的か。これからはこれらのことにも十分配慮する必要があります。

6 防除は総合力で勝負

18ページの図1―2で示すように、被害発生の要因のうち、どれか一つを制御できれば防除はできます。しかし何らかのアクシデントでそれがコントロールできなくなれば大きな被害が出てしまいます。どれか一つではなく、それぞれの要因を小さくしておけば、病害虫被害が激しくなることはありません。これが総合的な防除です（図1―2の4）。

実は皆さんが毎日実施しているのが総合的な防除なのです。つまりいろいろやる。一つの方法に依拠しないことです。

実際、これまでに説明したうちのどれか一つだけで病害虫に立ち向かっている人はいないはずです。薬剤散布に頼る人が多いのは事実ですが、それだけではないでしょう。何らかの方法を組み合わせていると思います。そうした取り組みの力量を薬剤散布とともにアップして、被害をできるだけ少なくすることが大切です。

〈理解度チェック〉

- □病害虫の発生要因
- □防除の考え方
- □防除手段は薬剤散布だけではない
- □薬剤防除がうまく行くための条件
- □防除暦の問題点

Ⅱ 上手な薬剤の選び方

1 薬剤選びの基本

❖ 殺菌剤ではこんな剤を

同時防除効果の高い剤

ある特定の病害だけが発生することは少なく、作物は複数の病害の感染にさらされています。一回の散布でいくつもの病害を同時に予防できれば、それにこしたことはありません。ある特定の病害にしか効果がない剤だと、何種類も混用しなければならないし、薬剤費がかかって大変です。また薬害発生の危険性も高まります。

実際に一つで数種類の病害を予防できる剤は多いものです。また、二種類以上の剤を調合してつくられた混合剤もあります。この場合の組み合わせとして、予防効果が主体の保護殺菌剤同士のものと、保護殺菌剤と浸透移行性殺菌剤とを混合したものがあります。何種類もの病害を同時に予防できるといっても、剤によって得手不得手があるので、そのときに一番重点的に予防する病害は何かということをよく考えたうえで、剤を選びます。

残効の長い剤

安定した効果を得るためには残効の長い剤を選びます。残効が長く期待できれば、散布回数を減らすことも可能です。

残効が長いということは、

①散布後の日数が経っても、樹体上での残存量が多いので効果が維持されている

②残存量は減少しても、低濃度で活性があるので効果が維持されている

③薬液が散布された部位から新梢など新しく伸びている部分へ浸透移行して効果が維持されている

のどれかの要因によるものです。

露地栽培で樹体上での残存量を左右するのは降雨量です。したがって残効

の長い薬剤とは、基本的には耐雨性にすぐれた剤ということになります。すなわち、①ではジマンダイセン水和剤、デランフロアブル、ボルドー液などの保護殺菌剤、②ではストロビードライフロアブル、③ではフェニルアミド系殺菌剤のリドミル混合剤が代表的な剤です。

なお、残効は剤型によっても違ってきます。

一般に、水和剤よりもフロアブル剤のほうが残効が長いので、同じ名前の剤であればフロアブル剤を選びます。価格は少々高くなりますが、効果の安定性を考えると結局は得になります。

耐雨性の高い剤

雨の多いわが国では、今も述べた耐雨性の高い剤を選ぶことが必須です。散布後の累積降雨量三〇〇mmまで効果が維持される剤と、一〇〇mmまでの剤とではどちらが散布回数が少なくて済むかは明らかです（図2―1）。また、集中豪雨に対しても安心できるのは耐雨性の高い剤です。数日で数百mmもの雨が降ったとき、耐雨性が低い剤だとあっという間に残効が切れてしまい、大量に感染して、大きな被害を受けることになります。

耐雨性の高い剤は予防効果が主体の

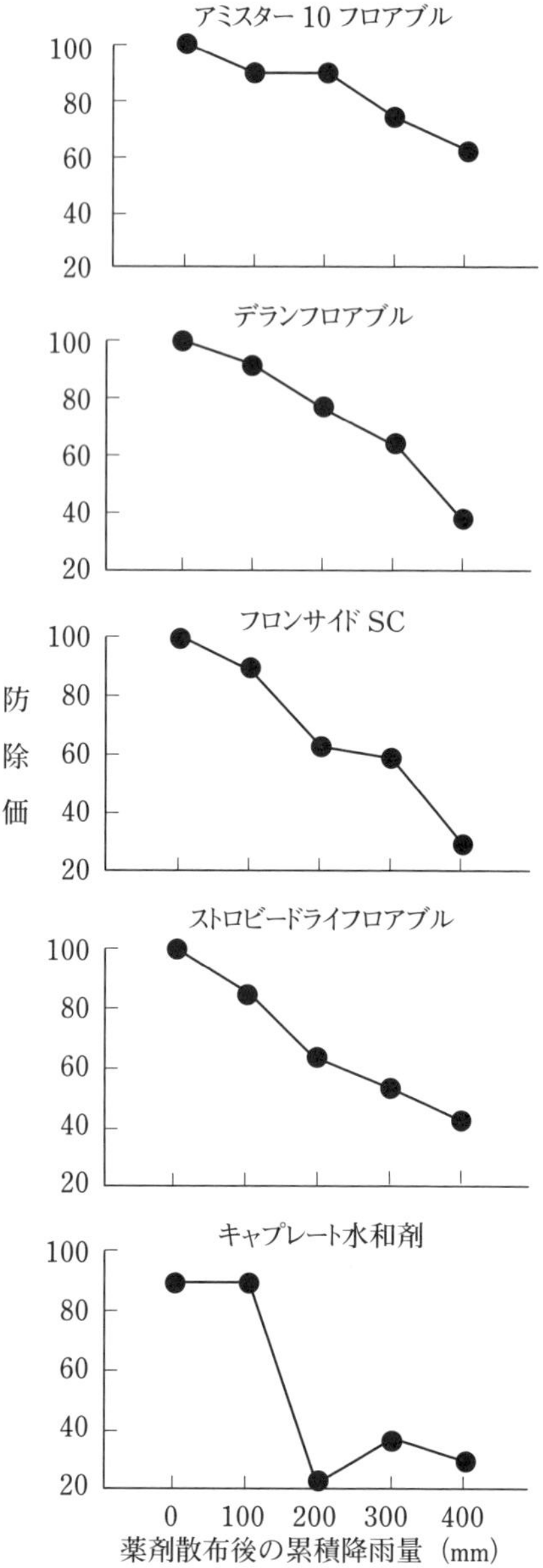

図2―1　殺菌剤の種類によって耐雨性は大きく違っている

アミスター10フロアブルやデランフロアブルでは，散布後の累積降雨量が200mmに達しても高い効果が維持されている保護殺菌剤に多いのですが、前ページ③で示した浸透移行性の剤（フェニルアミド系のリドミル混合剤）も、結果的に耐雨性が高いことになります（図2―2）。

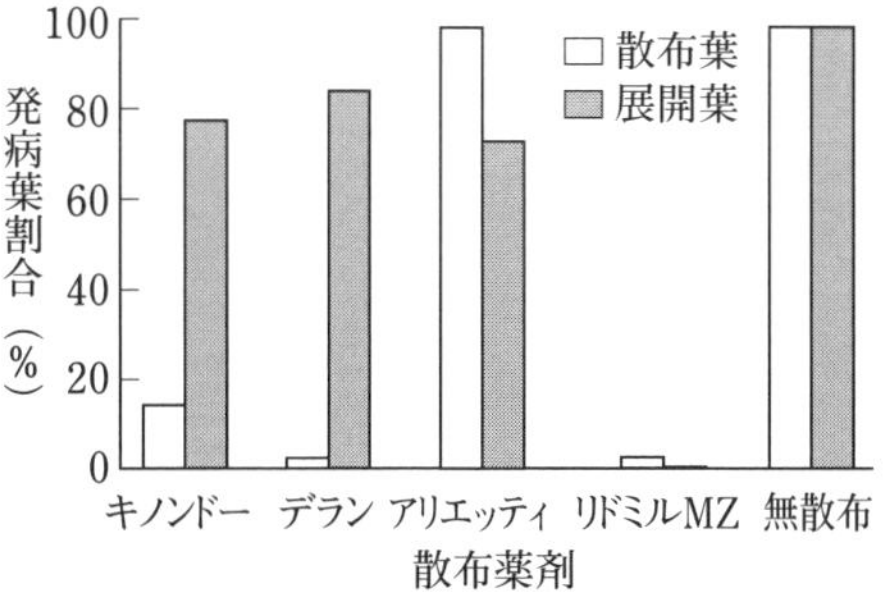

図2－2　残効は薬剤によって大きく違う
（ブドウべと病防除効果の比較）
キノンドーとデランは薬剤が付着している散布葉での残効は長いが，散布後に展開した葉での効果は低い。フェニルアミド混合剤のリドミルMZは浸透移行性があるので散布葉，展開葉ともにすぐれた効果が得られている（1996年試験）

特効薬が必要なとき

果樹の病害防除は、予防効果が主体の保護殺菌剤（同時防除効果が高い剤が多い）を選び、それをリレー散布して防ぐ、というやり方が基本です。しかし、ときとして特効的な効果を示す薬剤が必要な場合もあります。特効的な薬剤が必要な場面とは、①感染が成立してしまって、保護剤の予防効果ではどうしようもないとき、②雨が多くて、予防剤の残効に頼るだけではうまくいきそうにないとき、です。

①については、ナシやリンゴの黒星病に対するＤＭＩ（ＥＢＩ）剤があります。黒星病菌が感染しても、感染開始七日後頃までに散布すれば表皮細胞中に侵入した病原菌の進展を抑えることができ、発病しません。保護殺菌剤のなかにも、病原菌胞子の発芽から樹体への侵入、あるいは細胞中での菌糸の進展が遅いナシ黒星病のような病害に対して、このような病斑形成抑制効果を示す剤があります。

②については、樹体への浸透移行性の高い剤があてはまります。ブドウのべと病に効くリドミル混合剤は樹体へ浸透移行するので、散布後の降雨の影響を受けにくく、多雨条件下でも安定した効果と比較的長い残効を示します（図2―2）。

特効薬の欠点

しかし、特効薬には欠点もあります。耐性菌による効果の低下を生じやすいということです。特効薬は特定の病原菌の特定の部分に作用します。ところが、この特定の部分が変異をおこしていて薬剤に反応しない、つまり薬剤が効かない菌の系統が、ごく低密度ですが自然界には存在しています。薬剤散布を繰り返していると、この効かない菌のみが残り、その密度が徐々に高まって、薬剤の効果が見られなくなります。これが薬剤耐性菌による防除効果低減のしくみです。特効薬は使えば使うほど耐性菌密度を高め、いつかは効かなくなってしまう——特効薬の宿命です。

これに対して、保護剤の多くは菌に対していくつもの作用点をもっています（多作用点剤）。これら複数の作用点に対して反応しない菌が自然界に存在する確率はごくわずかです。したがって、数十年使ってもなかなか耐性菌が現われず、効果が保たれることになります。理論的には多作用点剤もそのうち効果を失うはずですが、その期間が特効薬に比べてはるかに長いということです。

❖殺虫剤ではこんな剤を

同時防除効果の高い剤

害虫は発生に応じて駆除するのが基本です。発生時期は害虫の種類によって違ってきますが、同じ時期に数種類の害虫が発生することはよくあります。これらを一回の散布ですべて駆除できれば、それにこしたことはありません。実際、すべての害虫は無理でも、数種類の害虫に効果がある殺虫剤は多くあります。ただし、殺菌剤の場合と同様、種類によって得意とする害虫、多少の活性はあるけれども効果は高くない害虫などがあります。散布する場合に、一番の防除対象は何なのかをよく考えて選ぶことが大切です。

汎用剤の使用は最小限に——天敵やただの虫にも効いてしまう

ただ、幅広く効くからといって、同時防除効果の高い剤をずっと使用していくのは問題です。幅広く効くということは何にでも効くということで、害虫以外の天敵やただの虫も殺してしまうからです。害虫が発生していれば基本的にその天敵もそばにいるし、果樹園にはただの虫も数多く棲息しています。また、これらの虫がたくさんいてこそ果樹園の虫のバランスは保たれ、特定の害虫が大発生しないしくみになっています。何でもかんでも殺してしまうのではこのバランスを崩し、害虫の大発生につながる恐れがあります。

同時防除効果の高い薬剤の使用は、最小限にとどめるのが賢明というものです。

残効が長すぎない剤

また殺虫剤では、あまり残効期間が長いのも問題です。速効性があってさっと効き、あとを引かない剤が好ましいのです。これもいま述べた天敵やただの虫の存在と関係しますが、ある特定の害虫だけに効く薬剤というものは、まずありません。数種類の害虫に効く剤が大部分なので、天敵やただの虫にも効いてしまいます。残効が長いと、それらの虫の密度も抑制する期間が長くなってやはりバランスが崩れ、害虫の多発生を引きおこしかねません。

飛来害虫に対しては例外

一方で、残効の長い剤が必要な場合もあります。次々に飛来してくる害虫に対したときなどがそうです。飛来害虫の場合、たとえばカメムシが連続大量飛来したときに、殺虫効果がわずか一日しかない有機リン剤では、どうしようもありません。また翌日も、散布しなければならなくなります。飛来が一ヵ月にも及べば、その間の薬剤散布回数はとんでもない数になってしまいます。とてもできるものではありません。

しかしこれが合成ピレスロイド剤やネオニコチノイド系剤であれば殺虫効果は三〜五日間持続し、殺虫効果が低下してもカメムシに加害させない効果（吸汁阻害効果）が一〇日近くは持続するので、残効の短い剤に比べると格段に対策がラクになります。ハウスミカン園にスリップス類が飛来してくるときも長期間に及ぶことが多いので、残効の長い剤が効果的です。

ただ、これらの剤は、先ほど述べたように幅広い害虫に長期間効くので、特別なとき以外の使用は控えなければなりません。

❖殺ダニ剤ではこんな剤を

殺ダニ剤とひと口にいっても、剤によって効果の現われる対象（発育ステージ）が異なります。成虫（親）だけに効く剤、主に卵に効く剤、卵と若虫（幼虫）に効く剤などです。

殺卵効果を最優先

殺ダニ剤にもっとも必要な性質が殺卵効果です。親のダニだけに効く剤ではダメです。どんなに親に効いても卵に効果がなければダニはどんどん増殖していき、加害が減ることはありません。親ダニだけに効果のある薬剤は数日おきに散布しないといけませんが、卵に効く剤であれば（ただし、ある程度の残効期間は必要。つまり、親ダニが卵を産み続ける間は効いている必要がある）、親ダニが寿命が尽きていいなくなれば被害を抑えることができます。「殺ダニ剤＝殺卵効果があるもの」です。

サビダニにも効く剤

ダニ剤で同時防除効果というとおかしな感じですが、サビダニにも効果があれば、それにこしたことはありません。サビダニは害虫というよりは病気のようなもので、冬季を除いて活動しています。このため、どの時期でも駆除の効果は期待できます。

ハダニとサビダニを同時に駆除できる剤は限られています。同時駆除ができるからといって一年に何度も使ったり、毎年続けて散布したりすると抵抗性を発達させ、数年で使えなくなってしまいます。同一の殺ダニ剤は「連用しない」「毎年使わない」のが基本です（第Ⅳ章82ページからも参照）。

残効が長すぎない剤

殺卵効果によるダニの駆除にはある程度の持続期間が必要です。しかし、ダニの寿命よりもずっと長く効き続ける必要はありません。長く効きすぎるということは、それだけその剤が効かないダニを増やしてしまうことにつながるからです。農薬メーカーは、「このダニ剤は残効がとても長いので、とてもよく効きます」などと宣伝します。しかし、「真の残効」がそんなに長い必要はありません。「真の残効」は二週間もあれば十分です。「見かけの残効」が持続すればいいのです（注）。

（注）真の残効、見かけの残効

薬剤の残効が保証されている（剤そのものの効果が現われている）期間のことを〈真の残効〉といいます。真の残効が長ければもちろん効果は持続しますが、それでは抵抗性発達の問題が生じてきます。これに対し、剤が効いた結果、新たな害虫の発生が抑えられ被害がない状態を〈見かけの残効〉といいます。ダニなど他からの飛び込みが少ない害虫では実際に被害は問題になりません。剤の残効のゆえではなく、害虫が叩かれた結果の効き目なので、これを〈見かけの残効〉というわけです。

2 剤型で選ぶならフロアブル剤

❖「なめらかに流れる剤」

農薬の剤型には水和剤、乳剤、液剤、粉剤、粒剤などがあります。最近、フロアブル剤（懸濁製剤）が増加しています。フロアブルとは「なめらかに流れる」という意味で、水の中に成分が沈まずにゆらゆらと浮遊している状態を示しています。フロアブル剤は剤型の分類では水和剤ですが、水和剤が粉末なのに対して、液体になっているという点でまったく違っています。

水和剤は水に溶けにくい有効成分を微粒化して、増量剤（微粒担剤：粘土など）と界面活性剤を加えた粉末製剤です。このため、薬液の調製時に粉立ちが問題になり、果実などの汚れも目立ちます。これに対して、フロアブル剤は増量剤を含まず、水和剤の場合よりさらに微粒化した有効成分だけを水に分散させています。なぜ、より微粒化しているかというと、水和剤の成分のままだと重くて沈んでしまうからです。しかし、どんなに小さな粒子でもそのうちに沈んでしまいます。そこでこれを防ぐために、フロアブル剤はただの水ではなく増粘剤を加えた水に分散させています。

❖ラクに調製、防除効果も高い

液体なので粉立ちがなく、水に速やかに分散します。粉塵を吸い込む心配がなくラクに安全に薬剤の調製ができる点で水和剤よりもすぐれ、果実の汚れも水和剤に比べると目立ちません。

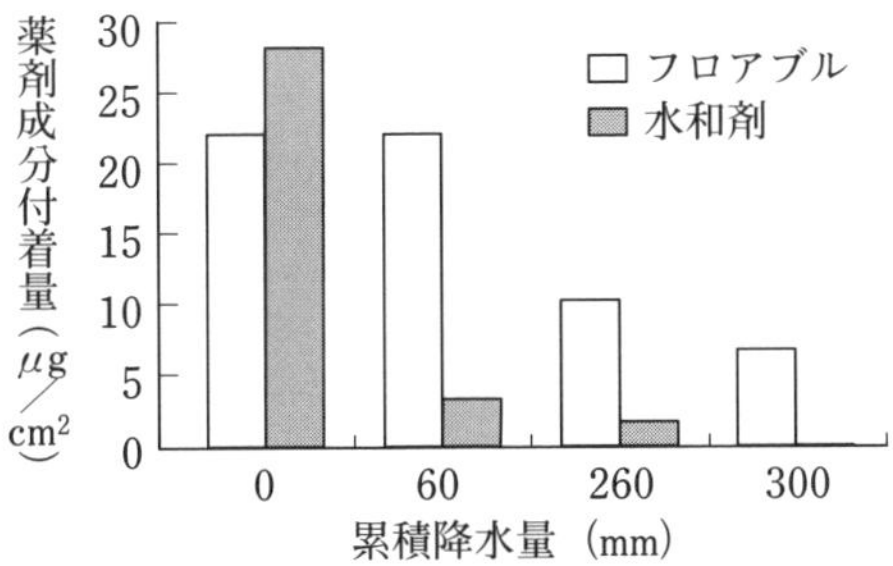

図2—3　フロアブル剤は水和剤より耐雨性が高い
ブドウ緑枝上でのデラン剤の残存量比較

さらに、水和剤より防除効果がすぐれるという利点もあります。これは水和剤よりも成分の粒子が小さいために、樹体への付着がよくなること、そのため耐雨性が高まることなどによります（図2—3）。小麦粉が服についたら生地に入り込んでなかなか落ちにくいのに対し、小麦の粒そのものはすぐに落ちてしまうようなものです。

❖ドライフロアブル剤も使いやすい

ドライフロアブルという製剤も増えてきました。成分を、界面活性剤や結合剤とともに粒剤化したもので、水に希釈すると微粒子懸濁液として均一に分散します。微顆粒状でサラサラとしているので、薬剤調製時の粉立ちが水和剤に比べて大幅に少なく、袋にも剤のこびりつきが少なく使いやすくなっています。希釈する際はタンクや大きな桶に水を入れ、攪拌しながら徐々に薬剤を投入します。少量の水で溶くと固まってしまうので注意します。

3 使用薬剤の一覧表をつくる

❖意外に少ない薬剤の種類

一人の人が実際に用いる薬剤の種類は、そんなに多くないはずです。試しに日記などで過去数年の散布実績を見てみてください。二〇種類も三〇種類も散布しているという人はまずいないのではないでしょうか。殺菌剤と殺虫剤を合わせてせいぜい一〇種類、多くても一五種類以内という人が大部分でしょう。わずかそれだけの薬剤なのです。これら薬剤の特徴を知っておく、よく理解しておくことは、防除プロを目指すうえでとても大切です。

❖自分用の薬剤ノートを

そこで提案です。自分が使った（使う予定のある）薬剤の一覧表をつくってみてはいかがでしょうか（図２—４）。

薬剤名、薬剤の系統（グループ名）、対象病害虫（何に効くのか、同時に防除できる病害虫は何か）、希釈倍数、収穫前日数、雨に対する強さ・弱さ、効き方の速さ（遅効性または速効性）、残効期間、効果が高い時期（成虫、幼虫、卵のどの時期か）、一〇a当たりの薬剤費などの項目をつくり、そこに情報を書き込んでいきます。わからないところは技術員や普及員、農薬メーカーに尋ねるなどしてみてください。

こうした農薬ノートをつくることによって自分の農薬に関する知識を整理し、不足しているところを補うことができます。そして、実際に使った場合の効果や気付いた点なども書き込んでいくようにすると、必ず自分の役に立ちます。何を散布するかを選ぶのにまず便利ですし、その使い方や特徴もひと目でわかります。残効もわかるので防除計画も立てやすくなります。その結果、防除が上手になり、どんどんラクにもなっていくというわけです。

〈理解度チェック〉

- □殺菌剤に求められる条件
- □殺虫剤に求められる条件
- □殺ダニ剤に求められる条件
- □自分が使っている薬剤名とその特徴

記入項目	記入上の留意点
薬剤名	○○○水和剤，△△△フロアブル，□□□乳剤…など
薬剤の系統 ・殺菌剤	薬剤の系統による分類 ・ベンズイミダゾール系 ・クレソキシムメチル系 ・DMI（EBI）剤系 ・フェニルアミド系 ・有機銅 ・無機銅…など 効き方による分類 ・保護剤 ・病斑形成抑制剤
・殺虫剤	薬剤の系統による分類 ・有機リン系 ・ネオニコチノイド系 ・合成ピレスロイド系…など
・殺ダニ剤	・現在，同一系統の剤は少ない
対象病害虫	・目的とする病害虫以外に，同時防除できる病害虫がラベルに書いてある場合には記入する。同時防除できる時期でないときは書かない
希釈倍数	・散布した倍数を記入し，ラベルに書いてある倍数も書いておく
雨に対する強さ	・耐雨性○○ mm…など
残効期間	・無降雨条件で○○日…など
効き方の速さ	・速効性；○○日で効果あり，遅効性…など
効果が高い時期	・殺成虫効果が高い ・殺卵効果が高い…など
薬剤費	・500L 当たり○○円…など
散布月日	年　月　日
発生状況	未発生，初期，中期，多発生…など
効果・気付いた点	・高い，あり，なし，わからない…など ・なぜそのような結果になったのかの理由について，自分で思いついたことを記入する ・薬斑の汚れの程度，同時に防除できた病害虫，逆に増えた病害虫など気付いた点があれば記入する

図2−4　薬剤ノートの記入法

薬剤の系統は例に示した中から選ぶ。わからないときはJAや普及センター，メーカーなどに問い合わせる。散布月日・発生状況・効果については散布するたびに書き加えていく

Ⅲ 薬剤散布はタイミングが大切

1 散布判断のタイミングはどこで

病害虫防除は13ページで述べたように、危機管理です。病気の発生や害虫の飛来を予防し、ひとたびそれらが始まったら、ただちに蔓延や被害の拡大を抑えるための有効な対策を実行しなければなりません。

予防、駆除ともに、散布のタイミングがずれてしまえば期待した効果は得られません。これからは自主・自立・自己責任の防除を実施していく時代です。まわりに合わせるのではなく、そのときどきの自分の園の状況に応じた的確な防除を行なうことです。さもなければ、異常事態に的確に対応することはできません。

❖こんなときには早めに散布

季節が早く進んでいる

季節が早く進むということは、それだけ気温が高いということです。果樹の生育が早くなるのはもちろん、病気や害虫の活動も早くなっています。いつもと同じ時期の防除では手遅れになりかねません。こういうときは、先手必勝です。後追いの対策ではうまく防除することはできません。病害虫被害の発生は果樹の生育に連動しているので、発芽や開花、果実肥大の状況などに合わせた防除を行なうことです。

週間天気予報で多雨を予想

週間天気予報をみればその週の降雨の様子、つまり雨が降る、降らない、降るとすればどの程度かといったことがわかります。病害対策の場合、薬剤の残効の切れ目をつくってしまうと防除は失敗です。この残効を左右するのは降雨量です。前回散布した薬剤の効果が持続していればいいのですが、それがだんだんなくなってきて、次の雨で切れそうだと予想されるときには、予定よりも早めに散布しなければなりません（降雨量の判断については96ページ参照)。

これから作業が込みそうだ…

管理作業が集中して忙しいと、どうしても薬剤散布は後回しになってしまいます。しかしこれが防除の失敗の元になります。管理作業を安心して行なうためにも、忙しくなる前に必ず薬剤散布をしておきます。

❖こんなときには即散布

残効が切れた!

薬剤の残効期間は、散布後の日数と累積降雨量によって決まります。残効が切れる時点で病原菌の感染や害虫の加害を受けることになります。効果の切れ目をつくらない。これが鉄則です。このことはすべての病害に当てはまるし、害虫ではスリップス類やカメムシ類の連続大量飛来時がそうです。効果の切れ目をつくってしまうと、それまでの努力が水の泡です。しかし、万が一そうなったときには急いで散布します。

とはいえ、梅雨の長雨が続くときなどは、なかなか散布できません。そうしたときのために日頃から耕種的な対策を行なっておくとともに、薬剤の効果を最大限に発揮できる散布のコツをつかんでおくことが必要です。

カメムシを園内で見つけた

果樹カメムシ類は集合フェロモンで仲間を呼び寄せます。大量飛来があるかどうかの予測は防除所や普及センター、JAなどの情報で知ることができます。そうした予測が出されているときに園内でカメムシ類を見つけたら、ただちに合成ピレスロイド剤やネオニコチノイド剤を、果実はもちろん、葉や枝にもたっぷり散布します。そしてその後の様子を見て、飛来が続くようであれば次の散布を実施します。果実が落ち始めてからでは対応し切れません。最初の対応を間違うと、その後の大量飛来を招き、大きな被害を受けることになります(写真3―1)。

写真3−1　カメムシの集中加害で果実のほとんどが落果したミカン園

ミカンサビダニの被害果実を見つけた

六~八月にミカンサビダニの被害果

を見つけたら、ただちに殺サビダニ剤を散布します。六月頃にサビダニの被害果を見つけることは難しいのですが、前の年に多発した園や毎年被害の出る園では、注意深い観察が必要です。

発生が拡大していた

薬剤を散布したのに、病気が拡大していたり、害虫が減ることなく逆に増えていたりしたら、ただちに次の薬剤を散布します。ただし、ここで大切なことがあります。

一つは、病気や害虫が本当に増えているかどうかの確認です。これを調べるために園内に観察ポイントをつくっておきます。

たとえば、最初にその病害虫の発生や被害を見つけたところがポイントになります。肥料袋などを切って短冊にし、それに病害虫の名前と日付を書いてぶら下げておきます。最初に見つけたところには全部このマーカーを下げておくようにします（写真3―2、図3―1）。薬剤を散布してもマーカー付近の被害が拡大したり、害虫の数が増えているようであれば、防除がうまくいっていないことになるので、次の散布を行ないます。

大切なことの二番目は、なぜ防除がうまくいかなかったかを考えることです。うまくいかなかった原因を明らかにしないことには、次の手を打つことはできません。薬剤の選択ミスなのか、耐性菌や抵抗性害虫の発生で薬剤の効果が低下しているのか、気象条件が病害虫の発生に適していて発生が多くなり、防除効果が低くなってしまったの

写真3－2　発生ポイントマーカーで防除効果の確認
園を見回って，病害虫が発生しているのを見つけたら，病害虫名と見つけた日を短冊に書いて，発生地点にぶら下げておき，その後の広がり具合や薬剤の効果を確認する

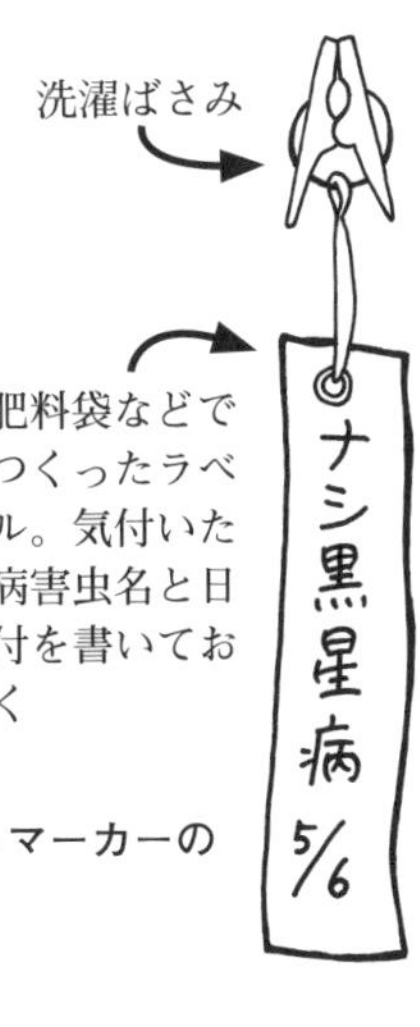

洗濯ばさみ
肥料袋などでつくったラベル。気付いた病害虫名と日付を書いておく
ナシ黒星病
5/6

図3－1　発生ポイントマーカーのつくり方

か、ていねいな散布をしなかったために効果がなかったのか、などなどです。原因を追及することが大切です。

❖こんなときは散布しない

散布を省けるかどうかの判断は難しいものがあります。しかし、ムダな散布は、労力、経費、環境負荷の面から避けなくてはいけません。以下に、散布を省くための条件について説明します。

好天続きで残効がまだある

散布した殺菌剤の残効がいつまで持続するかは、散布後の日数と累積降雨量によって決まります。これによって次の散布予定日が決まりますが、その頃になっても好天が続いていたら散布は省くことができます。ただし雨が降ればいっぺんに感染してしまうので、天気情報には十分な注意を払っておきます。そして降雨が予想されるときには必ず雨前に散布します。

害虫が発生していない

病気と違い、害虫は駆除が主体です。したがって、害虫がいないときには殺虫剤や殺ダニ剤を散布する必要はありません。小さくて見逃しがちな「病気的な害虫」については、このあとに説明します。

被害が拡大していない

前ページで紹介した発生ポイントのところで害虫が消えていたら散布の必要はありません。また、病気の拡大が停止して、散布した殺菌剤の残効期間内であり、かつ降雨がしばらくはないというときにも散布する必要はありません。

❖見逃しがちな「病気的な害虫」はこうして判断

「病気的な害虫」とは肉眼で見えづらい微小な害虫のことで、ハダニ類、サビダニ類、スリップス類などがあります。樹を見ているだけでは、いるのかどうか、いたとしてもどのくらいいるのかがまったくわかりません。これを見つけるには工夫が必要です。

ハダニ類

体の色が赤いことを利用します。白い紙（厚紙が使いやすいですが、裏の白い広告紙でも何でもかまわない）を二つに折って、葉を強く挟みます（挟み込み法）。ダニ類がいると、つぶれて赤くなります。まとめて五～六枚ぐらいは挟めるので、園地で二〇ヵ所もやれば一〇〇葉くらいはすぐに調査できます。露地では一〇〇葉調べて赤い点が五〇を超えたら要防除です。施設では増殖が速いので、一ヵ所でも赤い点を見つけたらただちに防除に取りかかります（図3―2）。

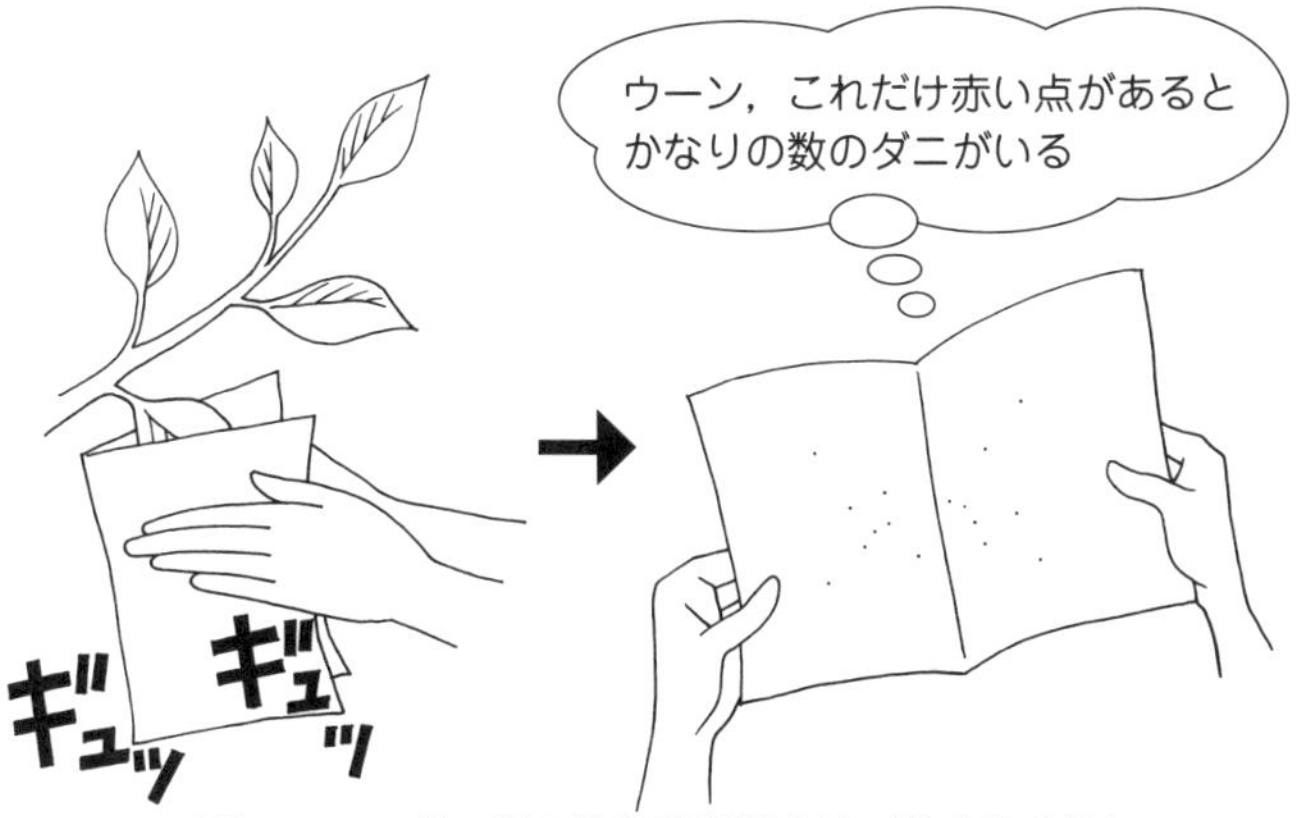

ウーン，これだけ赤い点があると
かなりの数のダニがいる
ギュッ
ギュッ

図3－2　ハダニ類の発生確認調査法（挟み込み法）

サビダニ類

ハダニ類に比べてさらに小さく、色も白いので、挟み込み法は使えません。ルーペを使えば見つけることはできますが、樹によるバラツキ、また一樹のうちでもバラツキが大きいので、発見は至難の技です。そこでカギになるのが、肉眼による初期被害の確認です。

以前だとミカンサビダニは七月中旬の梅雨明け以降に被害を確認したら、その時点で防除をするとされていました。しかし、最近は温暖化の影響もあって発生時期が早まっており、六月中旬には被害果を見つけることができます。とくに前年の発生園では六月に入ったらサビダニが発生しているのではないかと考え、果実を見るようにします。そして被害果を見つけたら、即対応します。

スリップス類

①園外からの飛来の把握：粘着シートを張った黄色や青色のプラスチック板（二五×二五cm）を、ハウスの内外や果樹園の周囲、高さ一・五mの位置に設置します。これで飛んでくるスリップス類を集めて、実体顕微鏡を使って種類と数を調べます（図3―3上）。

②果実寄生の把握：中性洗剤を溶かした水に果実をジャブジャブと漬けて洗い落とし、ろ紙でこして、同様に種類と数を調べます（図3―3下）。

こうした方法は、皆さんがやってやれないわけではありませんが、種類の同定など専門的な知識が必要です。トラップの設置や果実の洗浄までやって、あとは農協や地域の普及センターなど専門機関にお願いするのがよいです。

なお、ハウスミカンの着色期以降になると、ハナアザミウマ類が果実がく

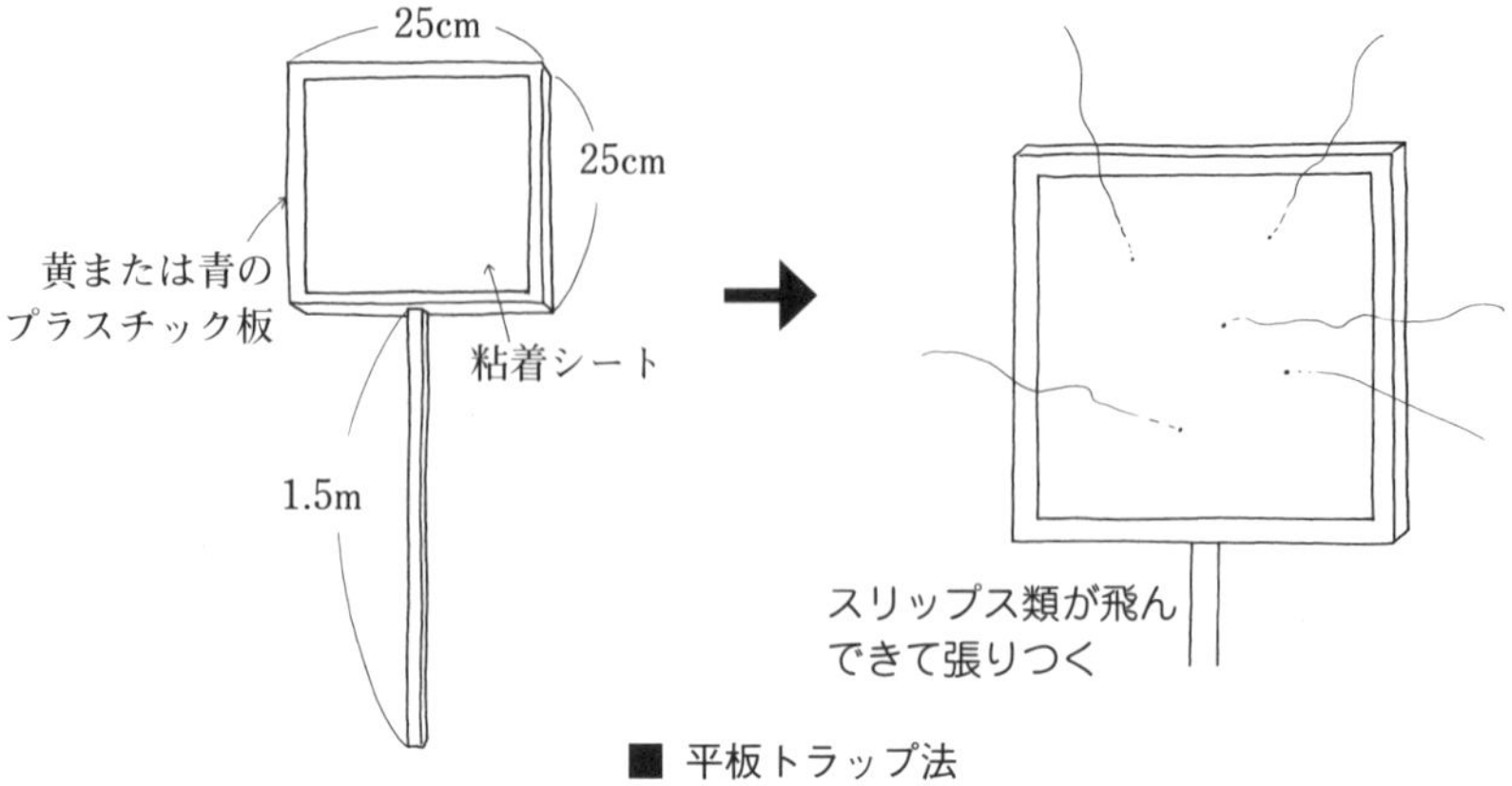

■ 平板トラップ法

■ 洗浄法

図3－3　スリップス類の飛来状況調査法

っつき合ったところに集中して寄生しています。注意して見ると、肉眼でも見つけることができます。ルーペを使うとより効果的です（図3－4）。

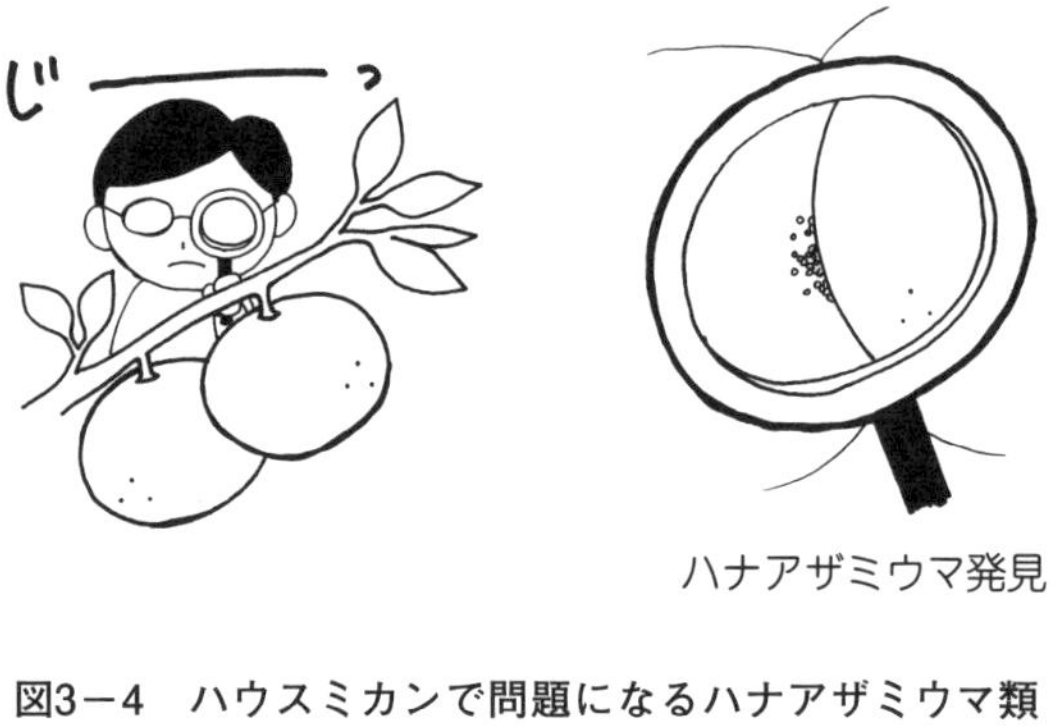

図3－4　ハウスミカンで問題になるハナアザミウマ類発見のコツ

果実が込み合ったところによーく注意する

2 休眠期（発芽前）防除を駆使する

ナシやリンゴ、ブドウ、カキ、モモなどの落葉果樹は、落葉して翌春、芽が出てくるまでの時期が「休眠期」、芽が出てから秋に落葉するまでの時期が「生育期」です。一年を通じて葉がついている常緑果樹でも、便宜上、発芽の時期を境にして「発芽前」と「生育期」の二つの時期に生育ステージを分けています。

病害虫防除の場面で重要なのは、いったいどちらの時期の防除でしょうか。

❖病気の一次伝染と二次伝染

どちらの時期の防除が重要か考える前に、病気の一次伝染と二次伝染について理解しておく必要があります（図3―5）。

一次伝染とは、前年の葉（落葉を含む）や枝に病原菌が棲息していて、暖かくなればこれらの病原菌が増殖を始め、発芽してきた葉や枝に感染し、発病することです。二次伝染による発病は、一次伝染で発生した新葉や新梢の病斑上で病原菌が増殖し、まわりの新葉や果実に伝染し、発病していくことです。一次伝染では伝染源の病斑は前年につくられているので古く、病原菌の量も多くありませんが、二次伝染では新鮮な病斑上に大量の胞子や細菌が形成されるので、一次伝染の発病に比べて何十倍も激しい発病になります。

❖被害が見えない休眠期（発芽前）の防除が肝心

一次伝染を抑えるには、まず伝染源や発生源の除去（ほ場衛生）の徹底が

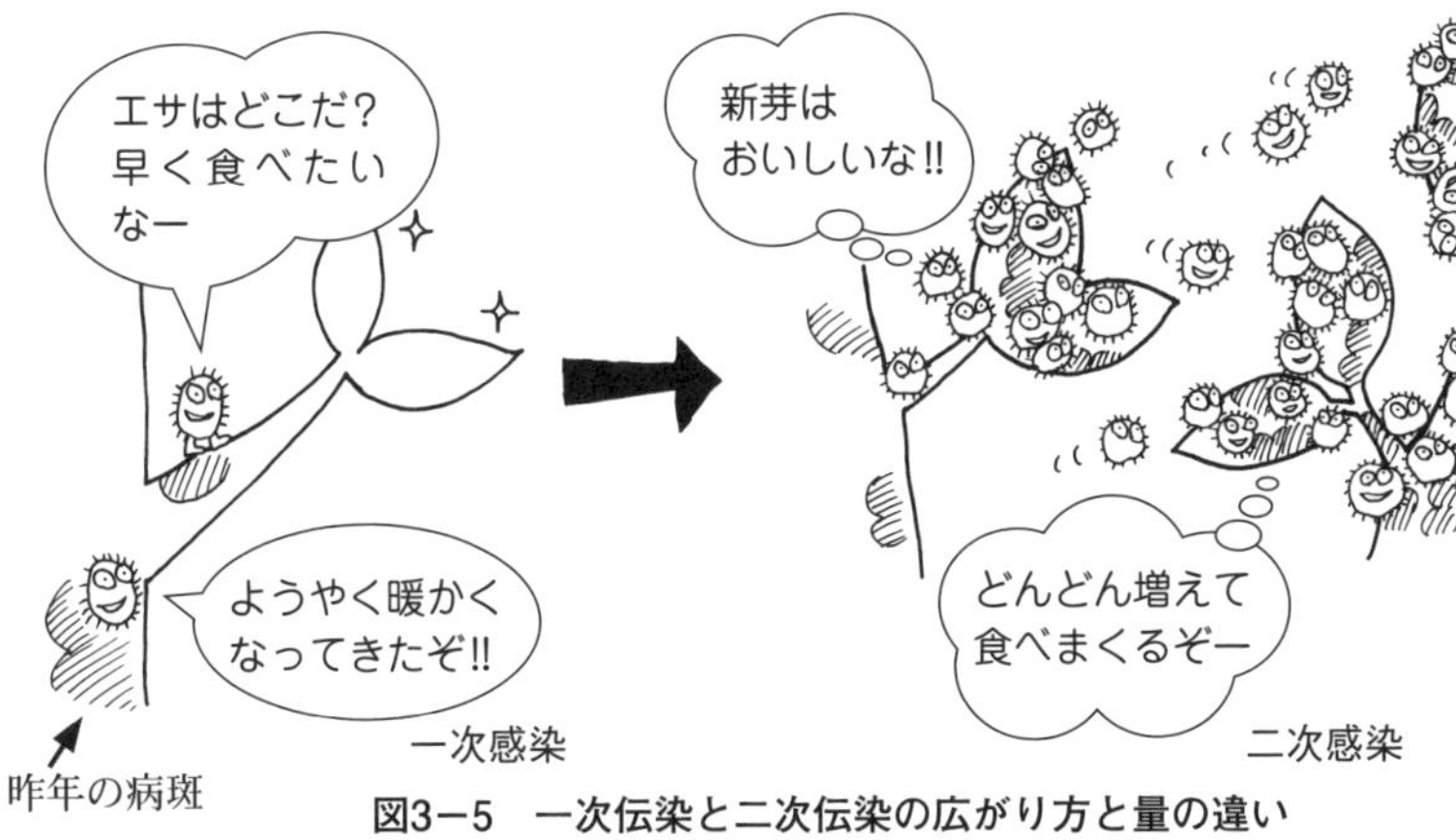

図3―5　一次伝染と二次伝染の広がり方と量の違い

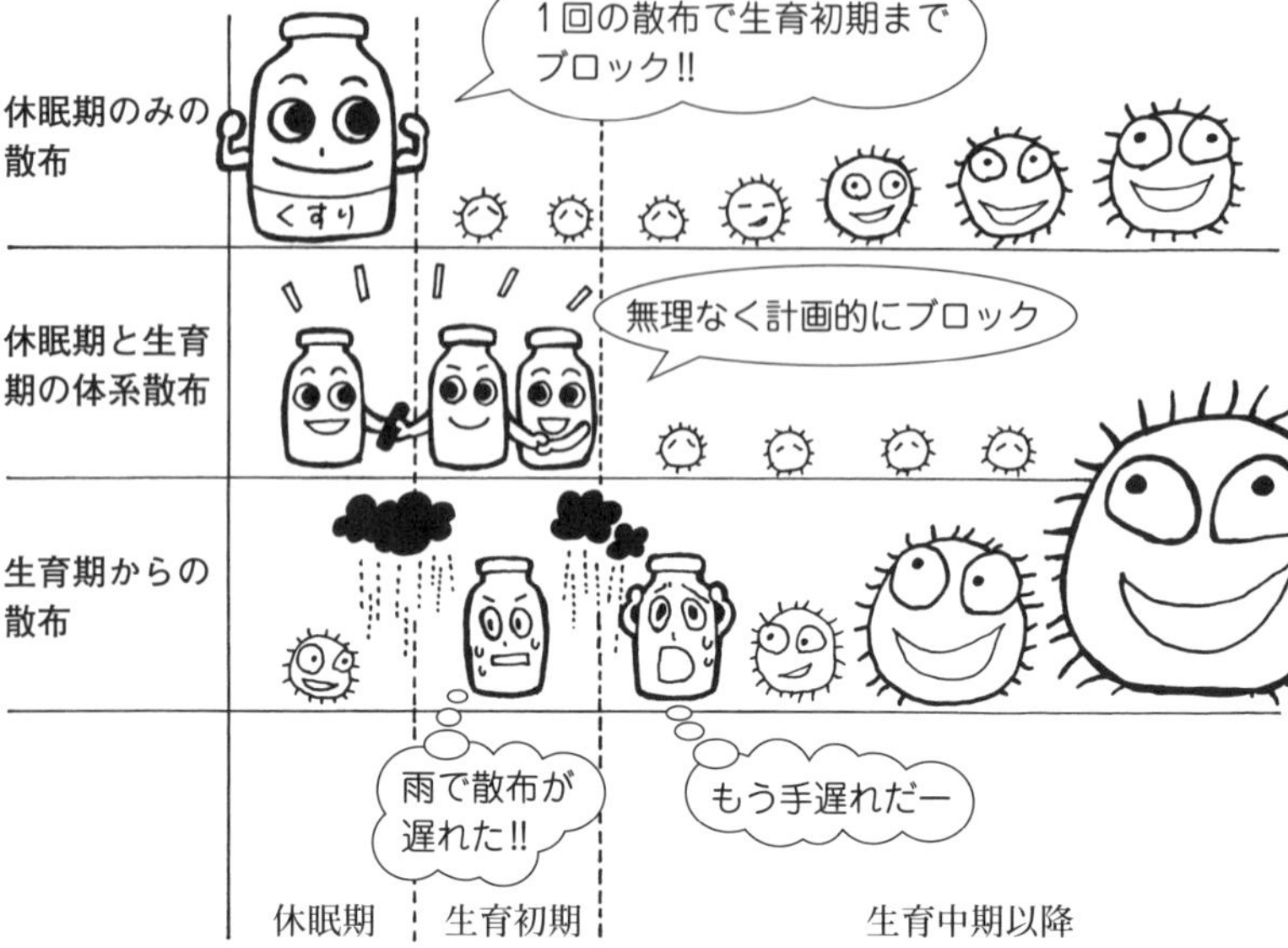

図3−6　大事な休眠期（発芽前）散布，生育初期との体系散布でさらに効果アップ
病害虫防除は予防が基本なので，発病が始まっていると生育期にいくら散布しても大発生につながる恐れあり

必要です。目についた発病葉や発病枝はすべて取り除きます。カイガラムシ類も同様です。芽が出るまでに何回も園を見回って、除去します。また、除去しただけではダメで、病気にかかった葉や枝をそのまま園内に放置すると次の伝染源になってしまうので、集めて燃やすか、穴を掘って埋めます。この耕種的な対策は果樹栽培ではとても大事で、薬剤防除の効果を上げるためには欠かすことができません。

最後の仕上げが薬剤散布です。この休眠期（発芽前）防除の効果は、生育期散布の効果に隠れてなかなか実感できませんが、一次伝染を抑えて生育初期の伝染源量を低下させるうえでとても重要な役割を果たします。とりわけ、生育初期に天候不順が続き、発芽から第一回目の生育期散布まで間があいたときは大量の感染がおきて、その後の防除がとても難しくなります。芽が出て、葉が開き始めてからの防除では間に合いません。しかし、休眠期（発芽前）に薬剤を散布しておけば、発芽から生育期散布まで間があいても大丈夫です（図３―６）。

❖休眠期散布の絶大な効果

休眠期防除は、落葉果樹では晩秋季に落葉しているので、枝と幹への散布になります。カンキツ類でもその年の春に伸びた葉は硬くなっていて、柔らかい枝や葉はありません。このため、生育期には薬害がこわくて絶対に散布できないような薬剤や濃い希釈倍数の散布も可能で、越冬している病害虫を徹底的にやっつけることができます。その代表格が、石灰硫黄合剤とマシン油乳剤です。

石灰硫黄合剤で

石灰硫黄合剤（多硫化カルシウム）は生石灰と硫黄を混合煮沸して得られる赤褐色の液体です。もともと硫黄には殺菌効果があり、生石灰を加えるとさらにその効果が高まることが一八二〇年頃にフランスで発見され、一八五一年に製剤化されました。日本には一九〇〇年頃に導入されて、現在まで主に落葉果樹病害虫の休眠期防除剤として使われ続けている、大変寿命の長い薬剤です。

本剤は、ハダニ類やカイガラムシ類などの害虫にはもちろん、モモ縮葉病とスモモふくろみ病に対して絶大な効果を発揮します。落葉から開花前まで、いつの時期の散布でも素晴らしい効果です。逆に、発芽後の生育期に、これらの病害に対してすぐれた効果を示す薬剤はありません。したがって、開花前までの石灰硫黄合剤の散布が必須です。ただし、薬液が付着したところ以外は効果がないので、風のない日にかけムラがないようにタップリと散布します。

ブドウでは発芽直前にベンレート水和剤と混用することで、黒とう病や枝膨病に対してすぐれた効果を示します（ベンレート水和剤の耐性菌が出現しているところでの効果は低くなります）。発芽にできるだけ近い時期の散布が効果的ですが、展開した葉には激しい薬害が出るので、必ず発芽直前までに散布します。

本剤の欠点は、強アルカリ性のため散布器具や人の肌、車の塗装などを傷め、目や喉に入ると強い刺激があることです。取り扱いには十分注意を要し、散布後は器具をよく水洗いし、手や顔もしっかり洗います。酸性の肥料などとは絶対に混ぜてはいけません。硫化水素ガスが発生して命にかかわります。

マシン油で

マシン油の休眠期散布は、新葉が出る前の時期であれば高濃度散布（六〇倍以上）ができるので、カイガラムシ類とダニの駆除をラクに行なうことができます。生育期になって手がつけられなくなる前に叩く、という重要な意味があります。ただ、高濃度散布は樹体にとってもストレスが大きいので、毎年必ず実行するというのではなく、必要なときに行なうのが賢明なやり方です。また、散布するにしても園全体にではなく、発生している樹を重点的にするなどの工夫をして、できるだけ樹体に負担をかけないようにします（マシン油剤については132ページも参照）。

ボルドー液・銅水和剤で

発芽前までの散布でカンキツのかいよう病、そうか病に効果を発揮するのが、ボルドー液などの銅剤です。かいよう病にかかりやすい中晩柑類には、この時期の散布は必須です。

三月中旬にはかいよう病菌が動き出します。とくに雨が多いと激しくなります。このときの感染を「春先感染」（発病）といい（目に見えないほどの小さなものですが）、病原菌量が一気に増えます。かいよう病は果実に発病したら手遅れです。どんなに薬剤を散布しても抑え込むのは困難です。「春先感染」を抑えないことにはどうしようもないのですが、それができるのが発芽前の銅剤散布です。

また温州ミカンではこの時期に銅剤を散布しておけば、新梢伸長期のそうか病防除は必要なくなります。と同時に、中晩柑の場合もそうですが、銅欠乏症の対策にもなります。

ただし、この時期は落葉を助長する場合があるので注意します。落葉がおこりやすいのは、暖かい日が続いたあとに急に寒波が襲ってきたときです。週間天気予報などを参考に散布日を決めてください（ボルドー液については135ページも参照）。

❖最初の生育期防除を前倒しで散布

これからは、発芽直前から生育初期にかけての体系防除で、初期の発生を抑えるという発想が大事です。本当は発芽直前の休眠期散布だけでピシャリと効かせたいのですが、伝染源を根絶するだけの力をもつ剤はないので、生育期の一回目の散布を前倒しして発芽前に実施し、発芽後の生育期散布までの間を病害から守るという考えです（図3—6）。

発芽後の早いうちに行なえばよいのではと思う人もいるかもしれませんが、それは甘い考えです。それまでに

表3—1　キノンドーとスコアの体系散布によるナシ黒星病の防除効果

薬剤		散布時期			発病葉割合（%）		
		発芽直前 （3月26日）	開花直前 （4月11日）	落花直後 （4月25日）	5月8日	6月7日	7月2日
キノンドーフロアブル	体系	●	―	―	0	0	0.3
スコア水和剤	体系	―	●	●			
スコア水和剤		―	●	●	0	0.2	2.5
無散布		―	―	―	3.5	44.2	51.3

注）2001年試験，キノンドーフロアブル；有機銅フロアブル，スコア水和剤；DMI剤，
●：散布，―：無散布

雨が続けばどうなるでしょう。病気の蔓延を手をこまねいて見ているしかなくなります。そしてここで初期防除に失敗すれば、その後の発病はなかなか抑えられません。

発芽直前に使用する剤は保護殺菌剤で、ナシやブドウではデランフロアブルと有機銅フロアブルがお勧めです（図3—7）。ともにナシでは黒星病、黒斑病に効果があり、ブドウでは有機銅フロアブルが黒とう病、枝膨病に対して、デランフロアブルはさらに晩腐病に対しても効果を示します。

ブドウでは生育初期も、これらの保護殺菌剤で対応します。

一方、ナシの黒星病防除についてはDMI剤の効果がすぐれているので、発芽直前散布の効果を実感できない場合が大部分です。そのため、この時期の散布は必要ないと思われがちですが、生育初期の防除効果を確実なものにするためには欠かすことができない散布といえます（表3—1）。また、これらの保護剤を使うことによって初期の菌密度を下げられ、その後に使用するDMI剤の効果がより高まります。また、DMI剤耐性菌の増加を抑制する効果もあります。

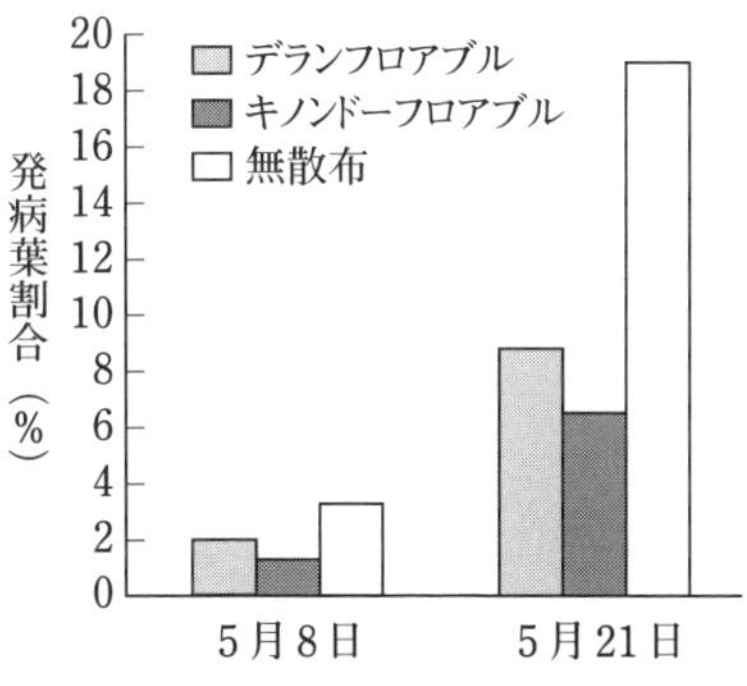

図3—7　ナシ黒星病に対する保護殺菌剤の発芽直前散布による防除効果
発芽直前（3月26日）のみのわずか1回の散布でも無散布に比べて大幅に発病が少なくなっている（2001年試験）

〈理解度チェック〉

□薬剤散布はタイミングが重要
□早めに散布しなければならない場合とは
□今すぐ散布しなければならない場合とは
□見えにくい小さな害虫の簡単な発見法
□休眠期防除と生育期防除の違い
□休眠期（発芽直前）～生育初期防除の重要性

Ⅳ 農薬を上手に使うコツ

農薬はあくまでも工業製品です。すぐれた製品管理のもとでつくられた化学薬品です。しかしその能力を十分に発揮させて効果的な病害虫防除ができるか、その逆に、散布しても効果が上がらずに被害を出してしまうかは、皆さんの使い方次第です。いかに上手に農薬を使いこなすか。そのためのコツについて考えてみます。

1 農薬＝魔法の薬ではない

適切な農薬を選びそれを散布したからといって、必ず効果があるわけではありません。使い方ひとつで効果にとても大きな差がついてきます。

❖付着量、それとも被覆率？——狙いを明確に

農薬はただ散布さえすればよいというものではありません。散布した薬剤の効果は、樹体への付着薬量の多少と薬液被覆率の高低によって決まります。農薬の使用にあたっては、「対象とする病害虫の効果的な防除にとって一番に求められるのは、この付着量なのか、それとも被覆率なのか」を明確にしたうえで、散布しなければなりません。

❖効かす手順や条件を知る

私たちがお世話になっている風邪薬で考えてみます。

風邪薬の効果をちゃんと出させるには、その用量や服用の仕方を守らなければなりません。飲み方を間違えたりすると、効果がないばかりか、副作用がおこることもあります（図4―1）。

また、薬は風邪のひき始めには効果は高いのですが、症状が進んでからではあまり期待できません。薬はただ飲みさえすればよいというものではありません。

農薬についてもまったく同様です。

図4－1　農薬は上手に使ってはじめて効果が出る

散布する薬剤の効果を十分に発揮させるためには十分な散布量（付着量）を確保し、効果的な散布時間帯を守ることが必要になります。さらに、効果的でムダのない防除を行なうには適切な散布間隔が重要になってきます。また、散布時期も重要です。黒星病が多発してしまったナシ園で特効薬のＤＭＩ（ＥＢＩ）剤をいくら散布しても抑えることは困難ですし、ミカンハダニが大運動会をしているようなハウスで、最新の高価な殺ダニ剤を散布しても効果は上がりません。農薬は魔法の薬ではありません。そこまで農薬に期待するのは無理というものです。

逆にいうと、農薬とはそんなぎりぎりの状態になって使うものではないということです。昔の農薬には、そんな面もありました。一打逆転、劇的に防除できた強い農薬もありましたが、いまは違います。とくに、この頃の農薬は効かすまでの手順や前準備（条件整備）などが必要なものになっています。散布効果を上げるには、そのことを知って手順を踏むことが大切であり、それが一番目のコツになります。農薬はただ散布さえすればそれで効果が上がると考えたら大間違いです。

❖新薬に惑わされるな——できるだけ使わない

薬剤を選ぶ基本は既存剤を使用するということです。新薬に飛びついては

図4－2　新薬にすぐ飛びつくのは危険，要注意

いけません（図4―2）。

新薬は現場で使われた例が少ないので、効果やその持続期間、耐雨性、他剤との混用事例、薬害の発生などについての情報があまりありません。メーカーがいくらこの新規開発剤は素晴らしいといっても、それをそのまま鵜呑みにしてはいけません。効果はたいていの場合大丈夫なのですが、薬害や混用の可否についての情報が少ないという問題が新薬にはあります。その地域の試験場や普及センター、JAなどで試験が積み重ねられている新剤であればまだしも、そうでない場合は使わないほうが無難です。

筆者も、これまでに新剤がトラブルをおこしたいくつかの事例に関わってきました。すべて薬害事例です。激しい落葉や葉の奇形、果面障害などでした。薬害が出て一番困るのは栽培者です。まわりとの人間関係にまで影響してきます。安易に新剤に飛びつくのはやめたほうがいいです。

2　防除の組み立ての基本

❖病気は保護剤のリレー散布で

病害対策は、予防が基本です。予防は予防効果が主体の保護殺菌剤（保護剤）で行ないます。保護剤は感染が成

図4−3　残効の切れ目をつくらないリレー散布が大事

立してからではどんなに散布しても効果はありません。散布した保護剤の残効がいつまでも続けばいいのですが、そうはいかないので、保護剤をリレーでつないでいきます。しかし、うまい具合にリレーされればセーフですが、途中で残効が切れるとアウトです（図4―3）。降雨があれば間違いなく感染がおこり、発病してしまいます。それまで一生懸命にリレーしてきた努力は水の泡です。保護剤のリレー散布は陸上競技のリレーや駅伝とまったく一緒です。バトンやたすきの受け渡しに失敗すると、先にはつながっていきません。残効が切れるタイミングを見逃さずに次の散布につなげていかなければなりません。

この残効が切れるタイミングは、散布後の累積降雨量で判断できます。これは〈防除適期判定雨量計〉（104ページ）で調べられます。ここで大切なことは、残効がなくなるぎりぎりのところまで引っぱらず、少し手前で次の散布を行なうことです。そうすることで、安定した効果が得られます。同一薬剤、たとえばカンキツの黒点病防除でジマンダイセン水和剤を散布する場合、少し早めに散布することによって樹体への付着薬剤量を一回目より多くすることができ（図4―4）、残効期間を引き

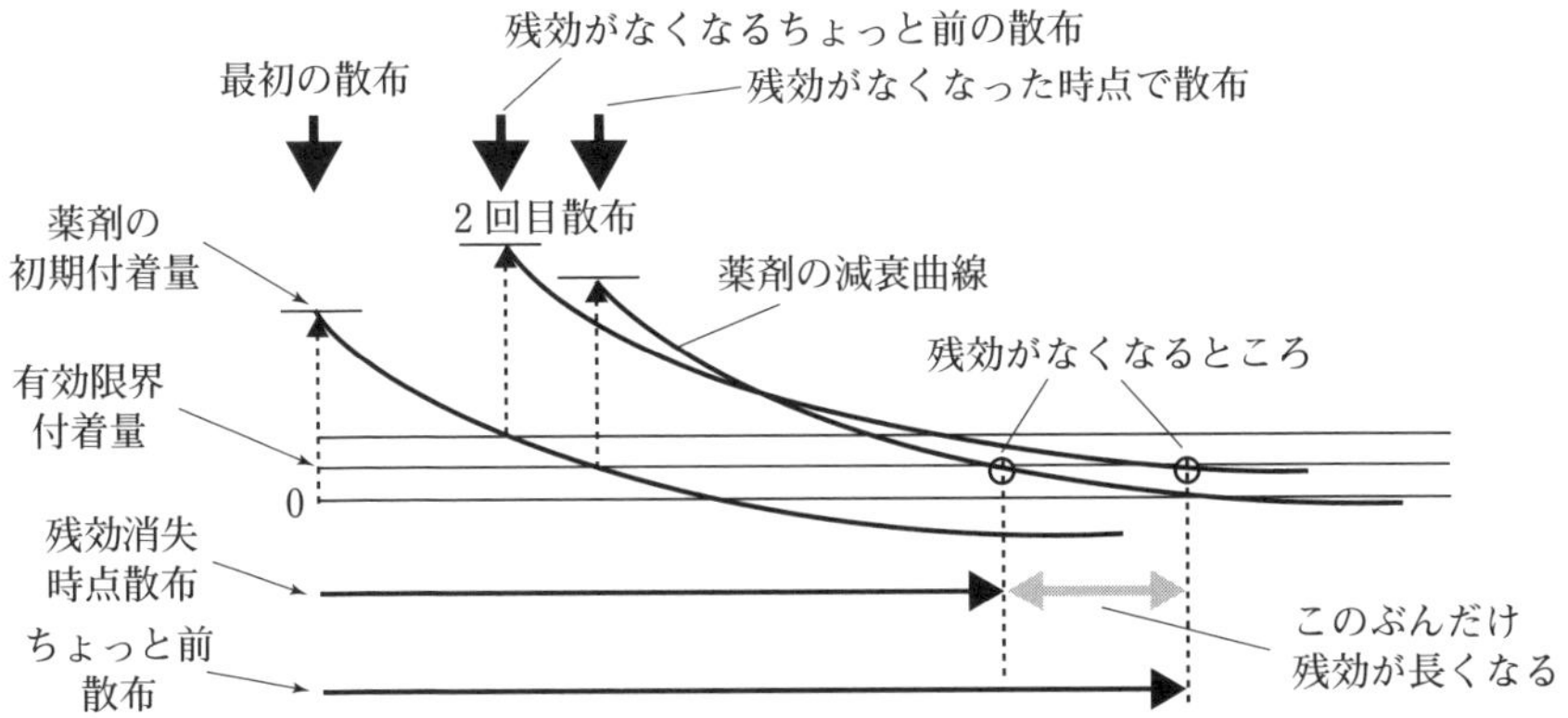

図4―4　残効が切れる少し前に次の散布を行なうと残効が長くなり，効果が安定する

延ばすことができるからです。

❖害虫駆除は発生を見てから

毎年、それぞれの害虫の発生時期が近づいたら、園内をよく観察します。そして発生状況をよく見きわめたうえで殺虫剤を散布します。微小害虫の見つけ方は、46ページの「見逃しがちな「病気的な害虫」はこうして判断」を参照してください。

❖特効薬の使い方

発病・発生の初期に使う

切れ味鋭い剤、いわゆる特効薬は、病害虫の発生が盛んになってきたときに使うものだと思っている人が多くいます。しかし実はこれは大きな間違いです。

もちろん特効薬の効果に間違いはありません。しかし、その使う時期は、ちょっと考えてみてほしいのです。

たとえば、九九・九九％の発病抑制効果や殺虫効果のある特効薬があるとします。これを、病原菌の感染量あるいは害虫の量が一〇〇万のレベルで使ったとすると、それらは一〇〇のレベルまで抑えられます。しかし、病害虫レベルがずっと少ない一〇〇のときに使えばどうでしょうか。その結果は、〇・〇一というとても低いレベルにまで抑え込むことになります。同じ特効薬を使った結果が、一〇〇と〇・〇一です。もしこの病害虫が被害を与え始めるレベルが一〇〇万だとすると、そのレベルまで増殖するのに一〇〇からだと一万倍ですが、〇・〇一からでは一億倍も増えなくてはなりません。一億倍まで増える時間のほうが一万倍まで増える時間よりもずっと長くかかります。これが残効の長さとなって現われてきます。

また、特効薬は薬剤耐性菌や抵抗性害虫の出現が早いという欠点があります。病害虫の密度が高まってからの散布では、この危険性がより高まることになります。

このように特効薬といっても、病害虫密度が高まってから使用したのでは思ったほどの効果が上がらないばかりか、耐性菌や抵抗性の発達によってその薬剤の寿命を縮めてしまうことになるのです。それよりも、特効薬は病害虫の発生が少ない時期にきちんと防除するほうが、より効果が期待できます。病害予防の場合、生育初期〜発生の立ち上がりの時期に特効薬を使って発生を限りなくゼロにして、その後は保護剤のリレー散布でつないでいきます（89ページ図4—20参照）。害虫駆除でも低密度時に使うことによって、その後の増加を長期間にわたって抑えることができます。

なお、第Ⅱ章35ページで示したような場合にはやむを得ず特効薬を使用することになります。

短期集中散布で

特効薬はだらだらと年がら年中使ってはダメです。このような使い方では年間を通して薬剤のプレッシャー（淘汰圧）が病害虫にかかって、耐性や抵抗性の発達を促してしまいます。先ほど述べたように、病害予防の場合は生育初期〜発生の立ち上がりの時期に集中して使用し、徹底して抑えます。害虫駆除では低密度時にタップリと散布して、きちんと抑えておきます。そうすることによって、薬剤のプレッシャーを年間のある時期に限ることができ、耐性や抵抗性の発達を抑制することができます（89ページ図4—20参照）。

3 病気と害虫で違う農薬の使い方

どんな病害虫防除の指導書を読んでも、病害虫防除の研修会でも、ＪＡの技術員さんの指導でも、薬剤を散布するときの注意事項として必ず「ていねいにかけムラなく、たっぷりと」といわれます。なぜ、こんな注意を毎度毎度、書かれたり言われたりするのでしょうか。それはやはり、かけムラが結構多く、そのために十分な効果が上がっていないということがあるからだと思います。しかし、この「ていねいにたっぷりと散布」は、いつでも、どんな病害虫に対しても必要なのではありません。防除の対象とする病害虫の種類や散布の仕方によっては、「ていねいに、たっぷり」散布しなくても高い効果を上げることができます。

表4－1　病害虫の種類と薬剤の効き方・効かせ方の違い

病害虫の種類		具体的な病害虫名	薬剤の効き方・効かせ方
病気	雨媒伝染病害	カンキツ黒点病，そうか病，かいよう病 ナシ・リンゴ黒星病，輪紋病 ブドウ黒とう病，枝膨病，べと病 カキ炭疽病 モモ炭疽病，灰星病	雨が降っているときにだけ伝染し，感染する。だから，雨水に薬剤が溶け込んでいると感染できない → 効果あり。 植物体全体が薬剤で覆われている必要はない。樹の上部やまわり（最初に雨が当たる部分）に薬剤がかかっていればよい。その量が多ければ多いほど残効が長くなる。
	風媒伝染病害	カンキツ，ナシ灰色かび病 カンキツ緑かび病，青かび病 ナシ黒斑病 カキ落葉病 各種果樹のうどんこ病	病原菌は風に乗ってやってくる。植物体のどの部位に付着するのかは風まかせ。だから，樹全体が薬剤で覆われていることが大切。かけムラがあると効果は不十分。
害虫		すべての害虫	風媒伝染病害と同じで，害虫は寄生部位を選ばない。どこを加害するのかは害虫の勝手（もちろん，柔らかい部分を好んで加害する害虫は多いが，その柔らかい部分に限ってみても，どこに寄生するのかは害虫まかせ）。このため，かけムラがあると効果は不十分。

薬剤の効き方は、病害虫の種類によって大きく違っています。薬剤の効き方・効かせ方を病害虫の種類別に分けると次のようになります（表4―1）。

❖薬剤の傘で樹体を守る
――雨媒伝染病害の場合

樹に薬剤の傘をかぶせる

雨媒伝染病害の場合、樹の上部やまわりなど雨が最初に当たる部分に十分に薬剤をつけておけば、それで十分に効果が上がります。いわば、薬剤の傘をかぶせてやればいいのです。しかもこの傘は雨漏りがしても大丈夫です。というか、雨漏りがしてはじめて薬剤の効果が現われます。つまり、薬剤が雨に当たって溶け込むことで樹を守るからです（図4―5）。この場合、霧なしノズルなどを使って樹体に薬液をかたまりで付着させるようにすると、さらに効果が高まります。

図4－5　散布薬剤のカサに守られている樹の様子

霧なしノズルで少量散布
——散布ムラもOK

表4—2のデータをご覧ください。標準散布量五〇〇L／一〇aのカンキツ園に二五〇L／一〇aなんて、本当に少ない散布量ですが、霧なしノズル（強力キリナシプラ二頭口）を使うと実によく効いています。発病度一〇以下であればきちんと防除されている黒点病で、発病度五・二は高いレベルの合格点といえます。しかも、面白いことに散布量を五〇〇L、七五〇Lと増やしていっても、防除効果はそんなに高くなりません。二五〇Lで十分なのです。

重要なのはこのときの散布法です。わずか一〇aに二五〇Lですから、樹冠内部にノズルを差し込んで散布するような時間はありません。樹冠の外側を、下から上へ、上から下へと、一回だけの散布です（図4—6）。二回はやりません。樹冠上部はゆっくりと、下のほうは早めに動かします。このような方法でなければ、わずか二五〇Lを一〇aに散布することはできません。立ち止まることはなく、早足での散布

表4−2　散布量，ノズルの違いと温州ミカン黒点病防除効果との関係

使用ノズル	散布量（L）/10a	発病果割合	発病度	防除価
強力キリナシプラ２頭口	250	33.7	5.2	79.1
	500（標準量）	25.2	3.8	84.7
	750	17.6	2.5	90.0
新広角改良タテ２頭口	250	54.2	14.2	43.0
	500（標準量）	54.7	8.1	67.5
	750	21.3	3.2	87.1
無　散　布	－	85.7	24.9	－

注）散布は2005年５月16日，６月８日，７月７日，８月３日，９月９日の５回（９月９日のみエムダイファー水和剤600倍，他はすべてジマンダイセン水和剤600倍），調査は11月18日，この間の累積降雨量は57mm，192mm，326mm，207mm，68mm

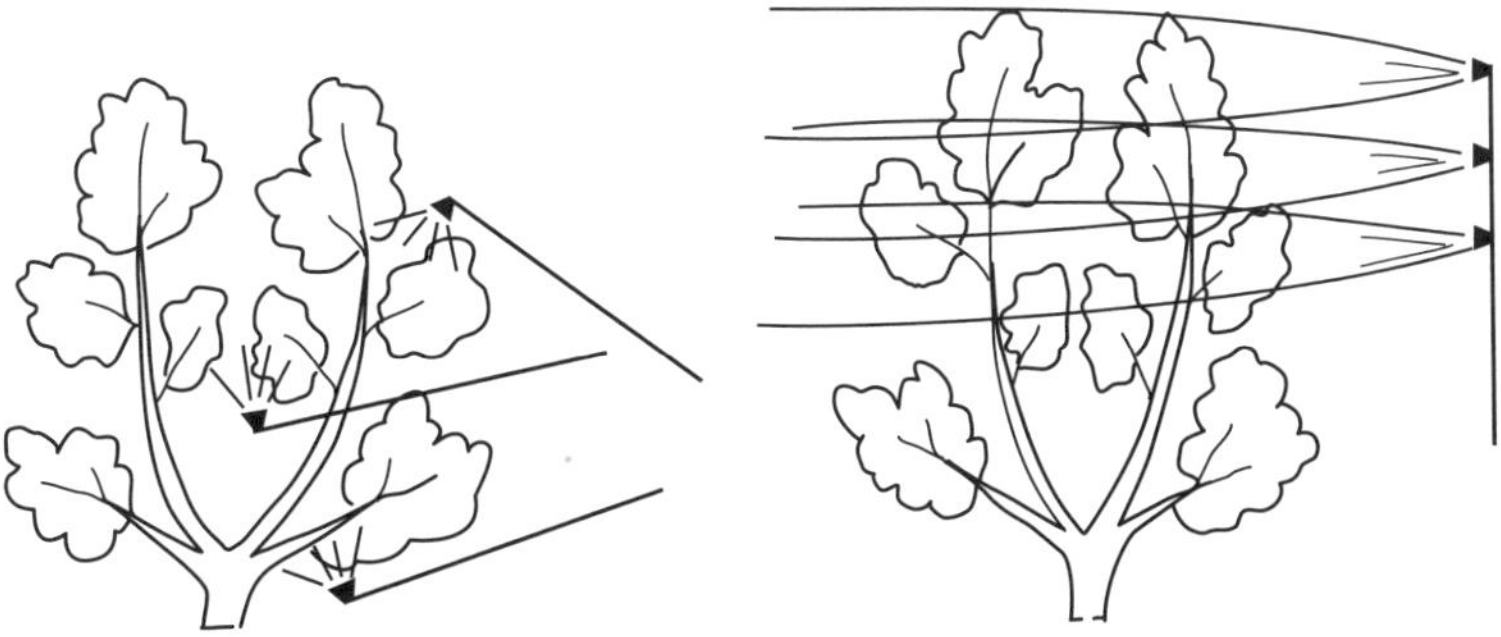

図4－6　新広角改良タテ2頭口（左）と強力キリナシプラ2頭口（右）との散布法の違い（イメージ）

です。竿を細かく動かすことはできませんし、その必要もありません。樹冠の外側だけに薬剤を付着させるだけです。典型的な雨媒伝染病害であるカンキツ黒点病の場合、このようなことができるのです。薬剤の傘で樹体を守っておく（図4―5）。これが雨媒伝染病害防除のコツです。

　ところで、表4―2のデータでは、同じ一〇a二五〇Lの散布でも改良タテ二頭口の場合は、発病度一四・二と不合格でした。この理由は、新広角改良タテ二頭口と強力キリナシプラ二頭口との薬滴の大きさにあります。強力キリナシプラ二頭口はドリフト低減ノズルと呼ばれるように薬滴が大きいために、ムダな飛散が少ないことが特徴です。一方の新広角改良タテ二頭口は、強力キリナシプラ二頭口の一〇分の一くらいの大きさなので、少し風が吹いても流されてしまい、樹体への薬剤の付着が悪くなってしまいます。このため、一〇aで二五〇Lという少ない散布量では十分な効果が得られないのです（ノズルについては、120ページでも詳しく紹介）。

適用範囲内で高濃度で

　雨媒伝染病害の防除では、薬液の被覆率よりも付着量を多くすることが重要です。雨に対して薬剤の効果を維持していくために、できるだけ多くの量の薬剤を付着させておきます。このためには登録基準の範囲でできるだけ濃い濃度で散布します。四〇〇倍～六〇〇倍とあったら四〇〇倍で、一〇〇〇倍～二〇〇〇倍なら一〇〇〇倍といった具合にです。このように濃度を濃くするぶん、薬剤費がかかるように思われますが、少ない散布量で済むのでかえって安くつきます。さらに短時間で散布できるので、省力化の面でもメリットがあります。

葉表が肝心、裏までかけるのはムダ

薬液を、葉の裏までていねいにかける必要はありません。葉の裏に雨は当たらないからです。雨が当たらないということは病原菌の感染がなく、薬剤は雨に溶けることがありませんからその効果もありません。つまりムダな散布をしたことになります。樹冠の外側だけの散布で十分なのです。

この「薬剤の傘で樹体を守る」という考え方は、スピードスプレーヤー（SS）散布の場合も同じです。SSにはふつうドリフトしやすいノズルが装着されているので、思ったほど葉表に薬剤はついていません。葉表にいかに薬剤をつけるかが、雨媒伝染病害防除の決め手になります。このため上昇気流の少ない早朝散布が原則になるし、今後はノズルの改良も必要になってくるでしょう。これは棚栽培のブドウの場合でも同じことです。

手散布でもSS散布でも、たいていの人は葉表に薬剤をいっぱいつけようなどと考えていないはずです。しかし、どんなに葉裏に薬剤をつけても十分な効果はないのです。葉表にこそ多くの薬剤をつける必要があります。繰り返しますが、雨が最初に当たるのは葉表なのです。棚栽培の果樹では、棚上にノズルを出して散布することが大切です。

❖散布ムラをつくらない
——害虫・風媒伝染病害の場合

樹全体を薬剤で覆う

風媒伝染病害や害虫の感染・加害は風まかせ、害虫まかせです。スポット的な対応でなく、葉や果実全体を薬剤で覆っておく必要があります。この場合、霧の細かいノズルを使ったほうがよさそうに思えますが、逆に風の影響を受けやすい（薬液がドリフトしやすい）のでかけムラが発生して、思ったほどの効果が上がらないことがあります。実際、微小害虫のチャノキイロアザミウマやミカンハダニに対して霧の細かなノズルよりも、霧なしノズルで同等以上の防除効果が得られています（124ページ表6—5参照）。

十分な散布量による付着ムラの改善が必要

①標準量以上を散布

したがって、風媒伝染病害や微小害虫の場合、ここぞという重要なときの防除は十分な散布量が必要になります。カンキツでは六月中旬のミカンサビダニ、八月下旬のミカンハダニ、収穫前の果実腐敗の防除が、これに当たります。最低でも標準散布量（73ページ参照）は必要です。

落葉果樹類ではこれらの病害虫に対して生育期を通して十分な散布量が必要です。

②大事なのは薬液の被覆程度

ただここで重要なのは、単に散布量を増やせばいいというだけではないことです。散布した薬液がどの程度果実や枝葉についているか、自分の目で確かめることが重要です。風媒伝染病害や微小害虫は、付着ムラがあると十分な効果が望めません。付着が不良であれば、散布法を改める必要があります。散布量を増やすとか散布方向を工夫するとか、方法はいろいろあります。

いずれにしても、自分の日頃の散布法、散布量で、樹体や果実にどの程度薬液が付着しているのか知っておくことは大切なことです。まず、どれだけ薬液がついているのかを見てみます。そして、不十分と思われたら改善していきましょう。

なお、散布時間を短くし、散布量を少なくする一番の方法は、園地の基盤整備です。園内道をつくるだけでも、今までよりずっとラクな散布ができます。

また、散布時刻も重要です。日中の暑いときの散布では、ラクでていねいな散布はとてもできません。薬剤散布はやはり早朝に行なうべきです（ただし、カメムシ防除の場合は夕方です）。

4 混用散布のかしこいやり方

「殺菌剤と殺虫剤、それぞれかけるのは大変。一度で済ませたい」といって、よく混用散布が行なわれます。殺菌剤と殺虫剤との二種混用はもちろん、三種、四種、なかには五種混用などという例もあります。散布の省力化のためにはやむを得ないことです。しかし混用散布は、メリットとデメリットをよく理解しておかないと思わぬ病害虫の被害や薬害に悩まされることになります。

❖必要性をよく見きわめる

混用散布の狙いはほとんど省力化ですが、混用散布にはムダなことも多いのです。

まず、同じ時期に複数の病気と害虫が、同時に防除の対象になっているかということです。病気は予防、害虫は駆除が基本です。殺菌剤は果樹の生育ステージと剤の残効に合わせたスケジュール散布的なものになるし、一方の殺虫剤は、害虫の発生状況に合わせた散布です。散布適期を決定する要因は病気と害虫で違うので、両方がぴったり合うということは実はあまりないのです。同時防除ができる機会は、そう多くはないということです。

このあとで見るように、殺菌剤同士は散布時期が揃う場合が多く、混用のメリットはあります。しかし、殺菌剤と殺虫剤の混用は注意が必要で、たとえば散布時期が迫っている殺菌剤に、害虫の発生時期ではないけれど殺虫剤を混用する、あるいは害虫の発生時期にそれに合わせてちょっと早めだが殺菌剤を混用して散布するというときは、片方の薬剤はムダになっていることがあります。

お互いズレの期間を許容できれば意味もありますが、そうでなければ混用散布は避けなければなりません。よくよく考えて実行することです。

❖混用散布の問題点

混用散布は省力化を図るうえで意味があるのですが、以下のような問題点を抱えています。

薬害が出やすい

混用散布したからといって必ず薬害が発生するわけではありません。しかし、混用することによって、薬害の発生が助長されることは確かです。とくに殺虫剤と殺虫剤、殺虫剤と殺ダニ剤、殺ダニ剤と殺ダニ剤の混用散布に目立ちます。

混用すると、なぜ薬害が発生しやすくなるのか。それは、薬剤を混用するほど樹体の表面が傷みやすくなるからです。

樹体の表面はワックスとクチクラ層で保護され、散布した薬剤の成分が植物体内に直接入り込むことはまずありません。しかし、農薬には、病害虫に直接作用する有効成分のほかに薬剤の付着性を高めたり、害虫体内へ有効成分を浸透させやすくするための多くの補助剤が含まれています。

これらの補助剤の中に、樹体表面のワックスを溶かしたり、クチクラ層を傷めたりするものがあります。

ワックスが溶けて問題になる代表的な例として、ブドウの果粉の溶脱による商品性の低下があります。しかし多くの場合、ワックスが溶けるだけで薬害が発生することはあまりありません。問題はクチクラ層までダメージを受けた場合で、このときは薬剤成分が直接樹体に作用することになります。樹体に強く作用するような成分だと細胞が傷ついて、その結果、薬害が発生することになるわけです（図4―7、写真4―1）。

混用散布は単用散布に比べて補助剤の種類や量が多くなります。そのぶん、植物体のワックスやクチクラ層へのダメージも大きくなり、薬液の濃度も単用の数倍濃くなっているので、薬害が発生しやすくなります。ワックスやクチクラ層にダメージを与えやすい補助剤は、殺虫剤や殺ダニ剤に多く含まれており、剤型別では乳剤に多く含まれています。これらを混用して散布すると薬害が発生しやすいのは当然といえます。

また、着色初期の温州ミカンでは混用散布によって着色遅延斑（緑斑）が発生することがあり、極早生や早生品種では注意が必要です。着色遅延斑は果実の成熟とともに消失することが多く、混用散布によってショックを受けた果皮の細胞が一時期、活動を停止することによって生じるのではないかと考えられています。

図4－7　混用散布による薬害発生の様子

写真4－1　混用散布によって薬害（果皮の褐変）が発生した極早生温州ミカン

防除効果を下げやすい
――とくに殺菌剤は要注意

混用散布を行なうと、それぞれの薬剤の単用散布の場合に比べて薬液の付着状態が大きく変化します。

①展着剤の作用が二倍、三倍も大きくなる

前ページの「薬害が出やすい」で述べたように、薬剤には多くの補助剤が含まれています。樹体上で薬液の広がりをよくして、薬液の付着ムラを少なくする成分もその一つです。この成分が適量含まれている場合、つまり薬剤を単独で使用する場合は問題ありません。しかし混用散布した場合には、これらの成分も二倍、三倍と増加することになって、薬液が広がり過ぎてしまうことになります。その結果、それぞれの薬液の表面張力を大きく低下させ、その付着量を減少させることになります（図4―8）。この減少程度は、

混用する殺虫剤や殺ダニ剤の種類によって異なりますが、著しい場合は殺菌剤単用散布の三～四割になってしまうこともあります（表4―3）。

このため、薬液の付着量が防除効果に大きく影響する雨媒伝染病害、たとえばカンキツ黒点病、そうか病、かいよう病、褐色腐敗病、ナシの黒星病、輪紋病、葉炭疽病、ブドウでは黒とう病、べと病、枝膨病、カキでは炭疽病などでは、それぞれの殺菌剤に殺虫剤などを混用すると効果が低減する恐れがあります。

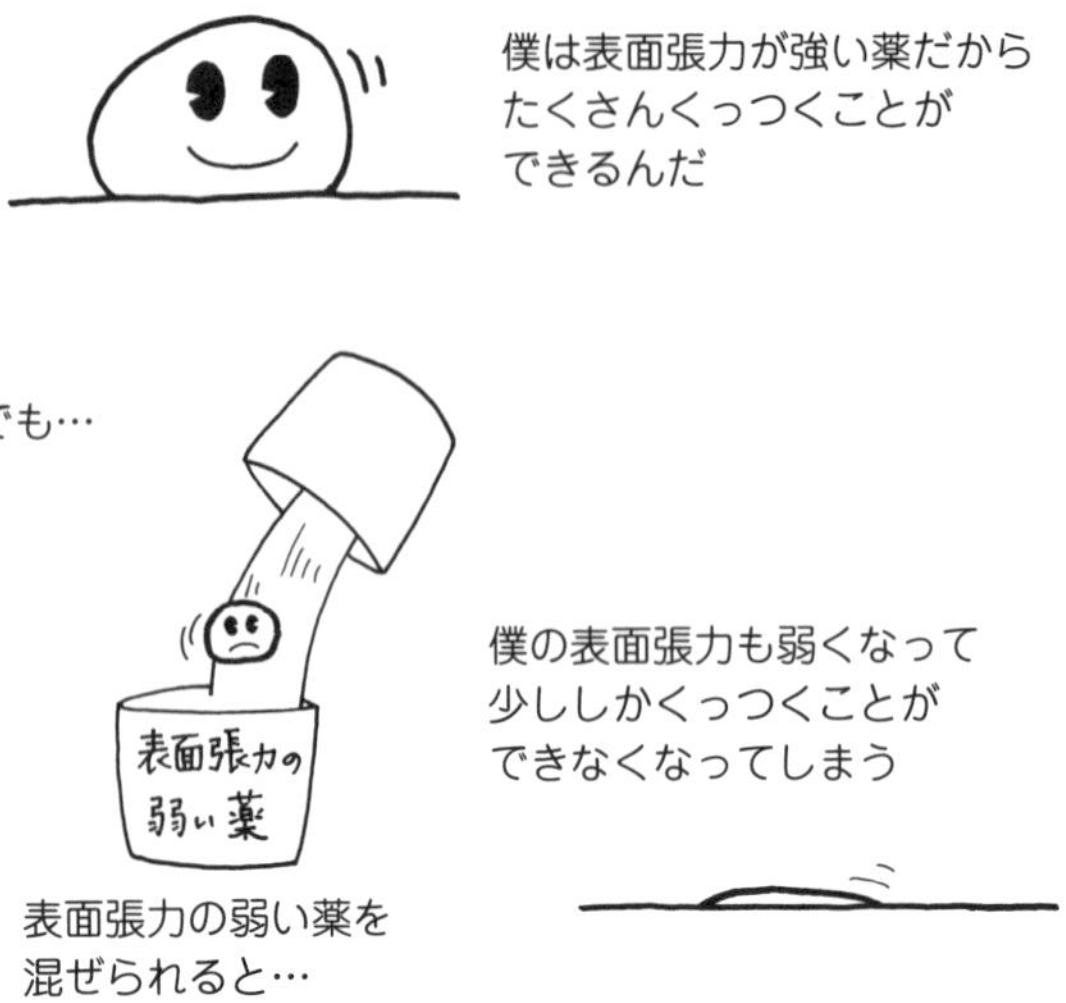

僕は表面張力が強い薬だから
たくさんくっつくことが
できるんだ
でも…
表面張力の弱い薬
表面張力の弱い薬を
混ぜられると…
僕の表面張力も弱くなって
少ししかくっつくことが
できなくなってしまう

図4－8　薬剤混用による表面張力と付着薬液量の低下

②効果激減の殺虫剤混用ジマンダイセン

表4―3の例では、ジマンダイセン水和剤四〇〇倍に混用した一九薬剤のうちの一七薬剤で薬液付着量が減少しており、このうちの六薬剤で耐雨性が低下しています。

表4―4には、カンキツ黒点病防除剤であるジマンダイセン水和剤に各種殺虫剤を混用して散布した場合の防除効果を示しました。試験に用いた五種類の殺虫剤などのうち、二種類で防除効果の低下が明らかに認められています。通常の散布間隔（散布後の累積降雨量が二五〇～三〇〇㎜）では十分な防除効果が得られないということです。そこでこれらの殺虫剤を混用した場合は、次の散布をやや早める（累積降雨量二〇〇～二五〇㎜）ことが必要です。表4―5に示したカキ炭疽病の場合も同様で、ジマンダイセン水和剤と殺虫剤を混用散布することによって防除効果が大幅に低下しており、通常の散布間隔では効果が不十分なことを示しています。

以上、殺菌剤に殺虫剤や殺ダニ剤を混用することによって、その防除効果が低下することを見てきました。もちろん混用する薬剤によってその程度は異なり、混用したからといって絶対に効果が低下するというわけではありま

表4－3　ジマンダイセン水和剤に対する他剤の混用が薬液付着と，カンキツ褐色腐敗病に対する防除効果に及ぼす影響

混用薬剤の組み合わせ	希釈倍数	付着薬液重量の比較注)	各累積降雨後の防除価		
			0mm	100mm	200mm
ジマンダイセン水和剤（単用）	400	100.0	100	100	100
+コロマイト水和剤	2,000	33.3	100	100	40
+オルトラン水和剤	1,500	91.2	100	100	100
+テルスター水和剤	1,000	75.0	100	100	100
+バロックフロアブル	2,000	84.3	100	100	100
+マイトコーネフロアブル	1,000	76.9	100	100	60
+オサダンフロアブル	4,000	91.8	100	100	100
+コテツフロアブル	4,000	104.7	100	100	100
+スミチオン乳剤	1,000	40.9	100	100	95
+スプラサイド乳剤40	1,500	67.2	100	100	100
+エルサン乳剤	1,000	51.9	100	100	80
+タイタロンフロアブル	3,000	88.9	100	100	80
+ダントツ水溶剤	2,000	92.3	100	100	100
+ベストガード水溶剤	1,000	93.6	100	100	100
+サンマイト水和剤	3,000	109.5	100	100	100
+スタークル顆粒水和剤	1,000	58.2	100	87.5	80
+モスピラン水溶剤	2,000	80.4	100	100	100
+アドマイヤーフロアブル	2,000	70.0	100	100	100
+マブリック水和剤20	2,000	68.2	100	100	100
+DDVP乳剤50	1,000	58.9	100	100	100
+コロマイト水和剤 +オルトラン水和剤	2,000 1,500	27.7	100	43.8	40
+コロマイト水和剤 +テルスター水和剤	2,000 1,000	30.5	100	100	60
+バロックフロアブル +オルトラン水和剤	2,000 1,500	84.6	100	100	100

注）ジマンダイセン水和剤400倍の場合の付着重量を100としたときの割合

せん。しかし、大部分は混用によって付着薬量が減少するので、殺菌剤の防除効果を考えれば混用はしないことが望まれます。また、混用しても殺菌剤の効果は単用の場合ほどないことを理解して、防除計画を立てなければなりません。

経費がかかる

混用散布は一回の経費が二倍、三倍とかかってしまいます。それぞれを散布してもそのぶんの経費は必要なので、狙いに見合った効果があれば問題ありません。

表4－4　ジマンダイセン水和剤に殺虫剤を混用して散布した場合の黒点病に対する防除効果

混用薬剤の組み合わせ	希釈倍数	黒点病の発病度	防除効果の比較[注)]
ジマンダイセン水和剤（単用）	600	13.9	100
＋スプラサイド乳剤	1,500	15.2	97
＋モスピラン水溶剤	2,000	19.3	85
＋オルトラン水和剤	1,500	12.1	106
＋コテツフロアブル	3,000	18.5	87
＋サンマイト水和剤	3,000	13.6	101

注）防除効果の割合：ジマンダイセン水和剤単独散布の場合の防除効果を100としたときの割合

表4－5　ジマンダイセン水和剤に対する他剤の混用がカキ炭疽病に対する防除効果に及ぼす影響

混用薬剤の組み合わせ	希釈倍数	各累積降雨後の防除価		
		0mm	100mm	200mm
ジマンダイセン水和剤（単用）	500	100	100	98
＋テルスター水和剤	1,000	94	81	32
＋スプラサイド乳剤40	1,500	94	79	87
＋パダンSG水溶剤	1,500	－	87	57

問題になるのは、殺菌剤同士、殺虫剤同士の混用です。

殺菌剤、殺虫剤とひと口にいっても種類はさまざまです。広範な対象に効く薬剤もあれば、ごく限られた対象にしか効かない薬剤もあります。このことを、殺菌、もしくは殺虫スペクトラムが広い、狭いといいます。ムダな混用を避けるためには、できるだけこのスペクトラムの広い薬剤を使います。ただし、スペクトラムが広い薬剤といっても得手、不得手の病害虫があります。いま何を重点的に防除しなければならないのかをよく見きわめて選ばなくてはいけません。

また、殺虫剤の場合、スペクトラムが広い薬剤は有益な天敵や、その他の虫にも効いてしまい、かえって害虫の多発生を招いてしまうことがあります（誘導多発：リサージェンスといいます）。いまそこで、本当にスペクトラムの広い薬剤を使わなければならないのか、よく考えて使用しなければなりません。

❖混用散布の利点

散布の手間が省ける

混用散布の利点は何といっても省力化です。殺虫剤と殺菌剤、殺虫剤と殺ダニ剤、殺虫剤と殺菌剤と殺ダニ剤……、葉面散布剤を混用することもあります。組み合わせればそれだけいろいろの病害虫を同時に防除でき、散布の手間が省けます。

しかし、すでに説明したように、薬剤の組み合わせによっては薬害が発生する恐れがあるし、防除効果が低下してしまうことも少なくありません。とくに殺菌剤と殺虫剤、殺ダニ剤の組み合わせは、疑問です。しかし、どのような組み合わせで薬害が発生するか、防除効果が低下するかということは、残念ながらよくわかっていません（注）。

（注）メーカーで薬剤を開発し、実用化する過程で混用薬害試験を実施しますが、作物の生育ステージや品種、栽培場所、作型などが異なるためにそのデータは鵜呑みにできません。私たち研究機関にいる者は新しい薬剤を採用する場合、その薬剤と混用される可能性のある薬剤を、二種類、三種類あるいは四種類（ときには葉面散布剤や品質向上剤、植調剤も含めて）組み合わせて散布試験を行ないます。今後は効果の変動についてもデータを積み重ね、より役立つ情報を提供していかなくてはと思っています。

防除効果が上がる混用例

混用することによって防除効果が向上する例が、少数ですがあります。相手剤の効果を安定させたり、互いの弱点を補うような組み合わせで、単用散布よりも効果が向上することになります。

①殺菌剤とマシン油

温州ミカンでは、ジマンダイセン水和剤、ペンコゼブ水和剤とマシン油との組み合わせで黒点病に対する効果が向上します（図4―9）。これは殺菌剤の耐雨性の向上によるもので、マシン油を混用しない場合には八月上旬までに四回の散布が必要ですが、混用することによって二回で済んでおり、経費は三分の二程度になります。

マネージM水和剤、サーガ水和剤とマシン油乳剤との組み合わせでは、そうか病、灰色かび病、黒点病に対する効果が向上します。これも殺菌剤の耐雨性の向上によるものです。

ただし、マシン油の使いすぎは禁物です。六月までで散布は打ち切るようにします。

なお、ミカンハダニに対する効果がどうなるのかについては詳細な検討は行なっていません。しかし、少なくとも長期間、密度を低く保っていることから判断すると、マシン油に殺菌剤を混用してもミカンハダニに対する効果への悪影響はないと見ています。

累積降雨量（mm）	薬剤散布月日 5/20		6/21		6/27		7/21		8/4	発病度	防除価	経費（円）
200～250	○	←225mm→	○	←241mm→	○	←182mm→	○	←259mm→	○	10.7	76	14,352
400～450	●	←466mm→			●	←441mm→			○	10.4	77	10,974
無散布	-		-		-		-		-	45.0		

●：ジマンダイセン水和剤600倍＋マシン油（97％）200倍の混用散布，○：ジマンダイセン水和剤600倍の単用散布

図4－9　ジマンダイセン水和剤にマシン油（ハーベストオイル）を混用して防除回数を削減した場合の黒点病に対する防除効果と経費

経費：10a当たりの薬剤散布（500L）に要した経費（薬剤費＋労働費）
8/4 はエムダイファーを散布

中晩柑では、甘夏などいくつかの品種はこの組み合わせで薬害が発生することがあるので、注意が必要です。

ナシでは、萌芽直前の有機銅フロアブルとマシン油との組み合わせで、黒星病に対する効果が向上します。

②殺菌剤と殺菌剤

カンキツでは、ベンレート水和剤、トップジンM水和剤とベフラン液剤25との組み合わせで果実腐敗に対する効果が著しく向上します（図4―10）。すぐれた効果が得られることから、この混用散布は全国のカンキツ産地に普及しています。これらの組み合わせでは、盛夏期のハウスミカンに発生する果実腐敗にもすぐれた防腐効果が得られます（表4―6）。

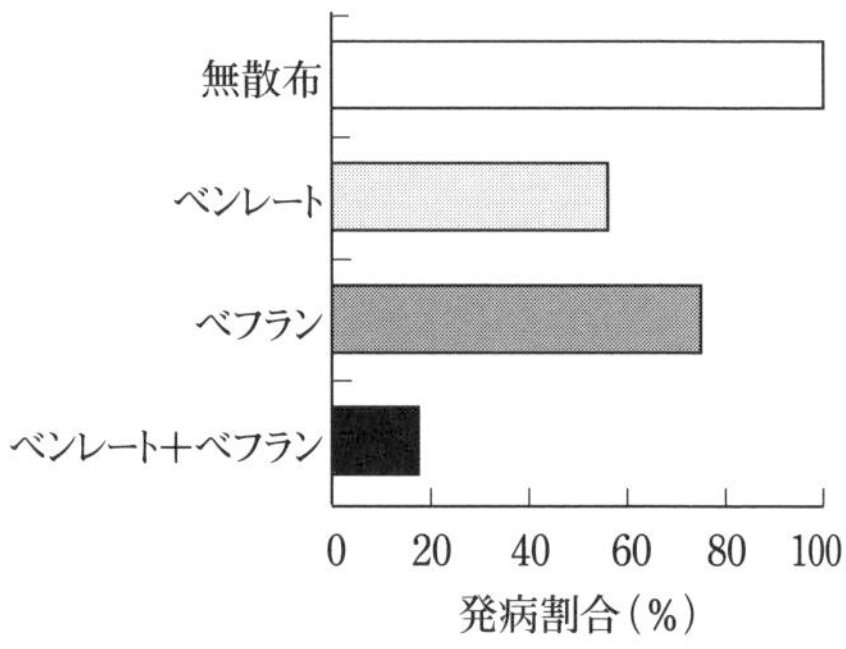

図4－10　極早生温州ミカンの緑かび病に対するベンレート水和剤とベフラン液剤25との混用散布による効果の向上

1998年から2006年までに実施した15試験事例の平均値。無散布の腐敗果発生を100としたときの各薬剤の発病割合を示している

③殺ダニ剤と殺ダニ剤

ハウスミカンでは、被覆前後の防除で、オマイト水和剤とパノコン乳剤の組み合わせでミカンハダニに対する効果が安定します。これは、オマイト水和剤が殺成・幼虫効果に、パノコン乳剤が殺卵効果にそれぞれすぐれるという性質が、うまく組み合わさったことによるものです。ただし、樹勢が弱っ

表4−6　ハウスミカンのこうじかび病を主体とした果実腐敗に対する各種薬剤の防腐効果

供試薬剤	希釈倍数	腐敗果割合（%）			
		こうじかび病	白かび病	不明	合計
ベンレート水和剤	4,000	13.0	1.5	1.0	15.5（78.5）注)
ベンレート水和剤 ベフラン液剤25	4,000 2,000	0.0	0.0	0.5	0.5（99.3）
ベフラン液剤25	2,000	15.4	4.1	0.0	19.5（73.0）
無散布	−	68.9	3.3	0.0	72.2

注)（　）内は防除価を示す，2002年試験

ている場合はパノコン乳剤の薬害が心配ですので、本剤は使用しません。

5 量は必要な部位にたっぷり付着させる

たっぷりと薬液を付着させるといっても、樹全体をまん遍なく、隙間なく薬液で覆ってしまうということではありません。必要な部位にできるだけたくさんの量を付着させるということです。

薬剤散布の効果を左右するのは、面積当たりの散布量ではありません。樹体の有効部位に付着した薬液の量です。どんなに多量に散布しても、ドリフト（ムダな飛散）で大気中に拡散したり、樹体から薬液が流れ落ちてしまったり、必要なところに付着していなかったりしていれば、防除効果は上がりません。薬剤散布のコツは、できるだけ少ない薬量を有効に使って、効率的に防除することです。

❖標準散布量の求め方

一〇a当たり五〇〇L散布した、あるいは一〇a当たり薬液量は三〇〇L必要だ……などとよくいわれます。しかしこの散布量というのは、どうやって決まるのでしょうか。樹の大きさ、植栽密度は園によって違うのに、一律に五〇〇Lだ、三〇〇Lだなどというのはおかしなことではないでしょうか？　樹の大きさで必要とする散布液量が違うのは当たり前、密植園と疎植園とでも、当然、散布薬量は違ってきていいはずです。なのに、これまで薬液量は画一的に決められていました。イネや野菜などのように植物体の大きさがおおよそ決まっているものはそれでもいいでしょう。しかし果樹では、

棚仕立てのナシやブドウなどを除いて、そういうわけにはいきません。樹の大きさ、植栽密度によって必要量は違うからです。では、それはどうやって求めたらいいでしょうか？

　カンキツ類の場合、一樹全体にムラなく、つまり枝や幹、葉の裏表に薬液を付着させるために必要な薬液量（L）は「樹容積×〇・五＋〇・七」の式で求めることができます。樹容積は、樹の縦×横×高さ×〇・七で求められます。たとえば、縦二m×横二m×高さ二mの樹の場合、樹容積は二×二×二×〇・七で五・六m^3になります。これに〇・五を掛け、さらに〇・七を足して必要薬液量は三・五Lということになります。同じ大きさの樹が一〇aに一一〇本植えられていれば、一〇a当たりの理想的な散布薬液量は三・五×一一〇で三八五L、約四〇〇Lということになります。これが樹体をムラなく薬液で覆うのに必要な散布量です。これ以上になると葉や枝から薬液がぽたぽたと流れ落ち始めます。これはその直前の量に相当します。

❖病虫害によって半分〜標準量で

　前述の標準液量の求め方で説明したのは、カンキツの樹全体を完全に覆うために必要な薬液量です。しかし、本当にこれだけの薬液量が必要なのでしょうか。答えは「ノー」です。隅から隅までまったくかけムラのないように散布しないと気が済まない人もいるかもしれませんが、こんなには必要ありません。

　実際の散布量は、果樹の生育ステージ、薬剤の種類、気象条件、病害虫の種類とその発生状況、使用ノズル、散布時のドリフト量などによって異なりますが、一般に、カンキツ黒点病などの雨媒伝染病害では樹冠外周部を中心に薬液が付着すればいいので、標準の半分の散布量でも標準量並みの防除効果を得ることができます。

　一方、微小な害虫（病気的害虫）類や風媒伝染性病害の場合は標準量に近づけた量が必要です。ただし、これは霧が小さなノズルを使用したときのことで、霧なしノズルを使えば標準量よりも少ない散布量で、霧ありノズルの標準量散布と同等の効果を上げることができます。

❖標準量以上に必要なとき

　カンキツでは、サビダニやハダニ、また果実腐敗を防除するときは、必ずタップリ散布します。これらは散布ムラがあると十分な効果が上がりません。最低、標準液量の求め方で示した計算式で出ただけの量は必要です。ただし、マシン油は他の殺ダニ剤ほどていねいに散布しなくても大丈夫です（133ページ参照）。

落葉果樹では、新梢が伸び始めた生育初期の散布が大切です。この時期は枝葉がまだ繁茂していないので散布量を減らす人が多いのですが、それでは十分な効果は上がりません。枝葉が繁っていないので、散布量が少ないと薬液を受け止めることができず、付着が悪くなってしまうからです。枝葉が少ない時期だからこそ、たっぷり散布してやる必要があります。落葉果樹の病害防除で失敗する人の多くは、この生育初期の散布量の少なさ、薬液付着量の少なさに原因があります。

❖散布時刻でも変わる付着量

薬剤の散布時刻と防除効果には密接な関係があります。薬液の付着量と散布時刻との間には密接な関係があるからです。より効果の高い防除を行なうには散布時間帯にも気を配らなくてはいけません。

早朝散布でたくさんの付着量を確保する

できるだけたくさんの薬液量を付着させるには午前中、できれば早朝の散布が効果的です。午前中は地面が暖まっていないので上昇気流の発生が少なく、ムダなドリフト量が少ないからです。真昼間に散布している様子を見ていると、噴霧された薬液は間違いなく上空へと消えています。これ

クスリが
付かないよ…
これじゃあ
効きっこない
よな!!
あれっ，上に飛
んでしまう…そ
れに暑いしな…
ていねいになん
てできっこない
よ，イライラ
僕たち上昇気流だよー

図4－11　薬剤散布は、上昇気流や風、暑さの影響を受けない早朝がよい

では三〇〇L散布した、五〇〇L散布したといっても、実際に樹体に付着している薬液の量はずっと少なく、満足すべき効果は期待できません。上空に舞い上がる量が少なく、舞い上がってもまた舞い降りてくるような時間帯、それが早朝です（図4―11）。

また、早朝は気温も低く、日差しも強くないので体への負担が少なく、ていねいな散布ができることにもなります。

害虫に薬液がつくのは朝のうち

基本的に殺虫剤は害虫の体に付着しないと効果が上がりません。害虫の活動に最適な気温は二〇～二五℃くらいの範囲です。害虫は、気温が上昇して、活動最適温度域を超えると、葉裏や葉の重なったところや、果実のガクやヘタの隙間などに入り込んで暑さをしのごうとします。しかし、このような場所は薬液がかかりにくいところです。したがって気温が上昇する昼過ぎに薬剤を散布しても、虫体に薬液がうまく付着しません。

季節によって違いはありますが、基本は害虫がよく活動している時間帯の散布を心がけます。夏場はすぐに気温が上がってしまうので、朝のうちの散布でないと十分な効果は期待できません。

薬害が出やすい夕方散布

夕方は風が弱まっているので、ドリフトが少なく、散布するにはいい時間帯です。しかし薬液の乾きが遅くなるので、薬害が発生しやすくなる問題があります。薬液に葉や果実が触れている時間が長くなればなるほど、薬害は発生しやすくなります。

ふつうは薬害が発生しないジマンダイセン水和剤とマシン油乳剤の温州ミカンへの混用散布も、夕方散布すると、樹の内側や下成りの乾きの悪い果実に果面障害が発生することがあります。カメムシ類への散布は夕方が効果的ですが、それ以外はできるだけ午前中に散布を済ませるようにします。

昼間散布は霧なしノズルで

もちろん、栽培面積が広くて、一日中散布しないと間に合わないという人も多いはずです。このような人は、手散布では、霧が大きくドリフトが少ない霧なしノズルを使うといいでしょう。風が強くてもドリフトが少なく、薬液をきちんと樹体につけることができます。

SS（スピードスプレーヤー）はドリフトが大きいので、日中の風のある時間帯の散布は避けるのが原則です。どうしても散布しなければならないときには、霧ができるだけ大きなノズルに変更して散布します。

6 葉の表と裏、散布薬液はどちらにつける？

「表と裏、葉のどちらに薬剤を付着させたら防除効果が高いでしょうか?」と質問をすると、たいがいの人が「葉裏」と答えます。しかしこれは大きな間違いです。「葉裏」に付着させないと効果が低い場合もありますが、「葉表」に薬剤をつけておかないと効果がない場合もたくさんあるのです。

散布した薬剤がどのようにして効果を発揮するのかよく理解しておかないと、努力したわりにはムダな散布になりかねません。

❖雨媒伝染病害は葉の「表」に

雨が当たるのは樹冠の外周部

保護殺菌剤は、雨水に薬剤成分が溶けることによってその効果が発揮されます。雨滴には病原菌がウヨウヨしていますが、ここに薬剤成分が溶け込むことで病原菌胞子の発芽を阻害し、また病原菌そのものを殺すことができます（図4—12）。

では、雨水に薬剤成分を溶け込ませるには、どのようにしたらよいでしょうか。

雨は空から降ってきます。雨が最初にふれるのは樹冠の外周部です。ということは、樹冠外周部に薬液をたっぷり付着させておけばよいということになります。雨が降り続いていても、樹冠を伝って下に流れ落ちてくる雨水に溶け込んでいる薬剤成分が、樹体や果実を病気から保護してくれます。

多くの人が、果実や葉、枝に薬液が付着しているから病気から保護されているものと思っています。しかしそれだけではないのです。果実に薬剤を散布しなくても、樹冠外周部にたっぷりと薬液を付着させておけば病害に侵さ

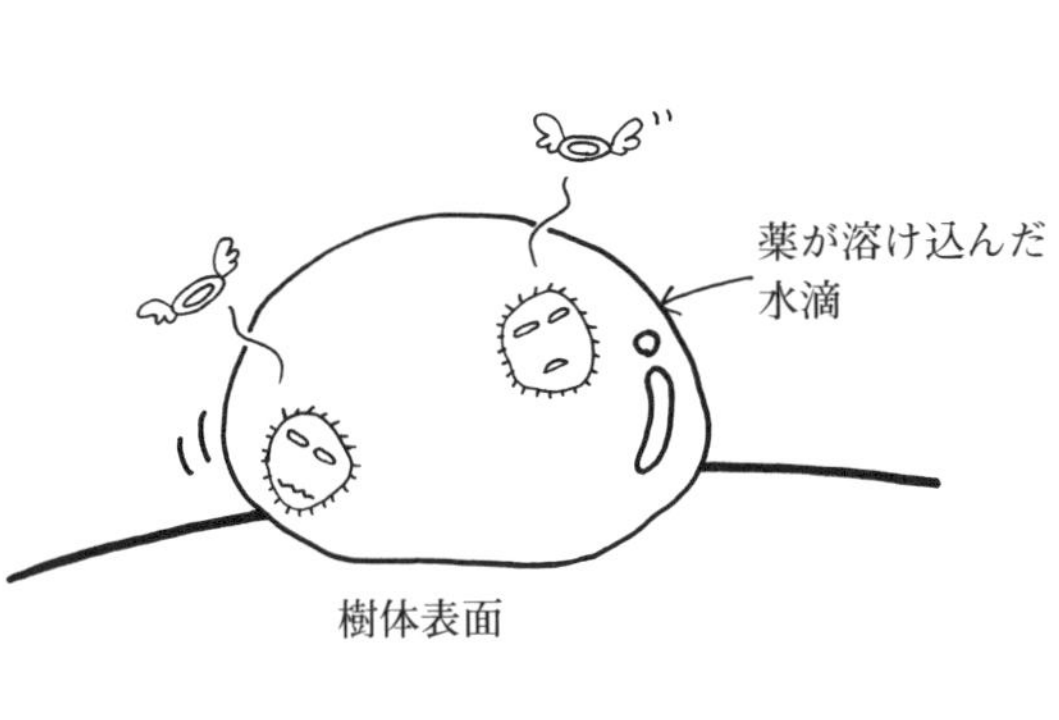

図4−12　雨媒伝染病害予防殺菌剤は雨水に溶けてはじめて効果を発揮する

れることはありません。果実に付着している薬剤の量などたかが知れています。大切なことは、樹冠外周部にどれだけ多くの薬剤成分がついているか、なのです。

そして雨が当たるのは葉の表です。葉裏に当たることはまずありません。そのため雨媒伝染病害用の農薬がどれだけ葉裏に付着していようと、その効果は現われないことになります。葉表への薬液付着量を確保することが、雨媒伝染病害防除のキーポイントです。

葉裏にカビができるべと病も「表」が大事

ブドウのべと病は葉裏に真っ白なカビをつくります。だからといって葉裏にばかり薬剤を散布しても、効果はイマイチです。葉裏への薬液付着だけでは、雨水に成分を十分に溶け込ませることができません。ほかの雨媒伝染病害と同じように、葉表についている成分が雨水に溶け込んではじめて樹体が守られるわけですから、棚上にノズルを出してタップリ散布することが大切です。

雨媒伝染病の防除には外周り散布・棚上散布が基本です（図4―13）。

❖風媒伝染病害は「表」も「裏」も

風媒伝染病害の場合、病原菌の胞子の付着は風まかせです。樹体のどの部位で感染がおきるかはわかりません。ということは、樹体全体を薬液で包み込んでおく必要があるということです。薬剤のかけムラは極力少なくしなければなりません。葉の裏も表も、両方とも薬液で覆われていることが必要です。しかし、それは一分の隙間もなくということではありません。薬剤成分は露などにも溶けて拡散するからです。全体的に薬斑が見えていれば十分です。風媒伝染病害にはどこでもほどほど散布です。

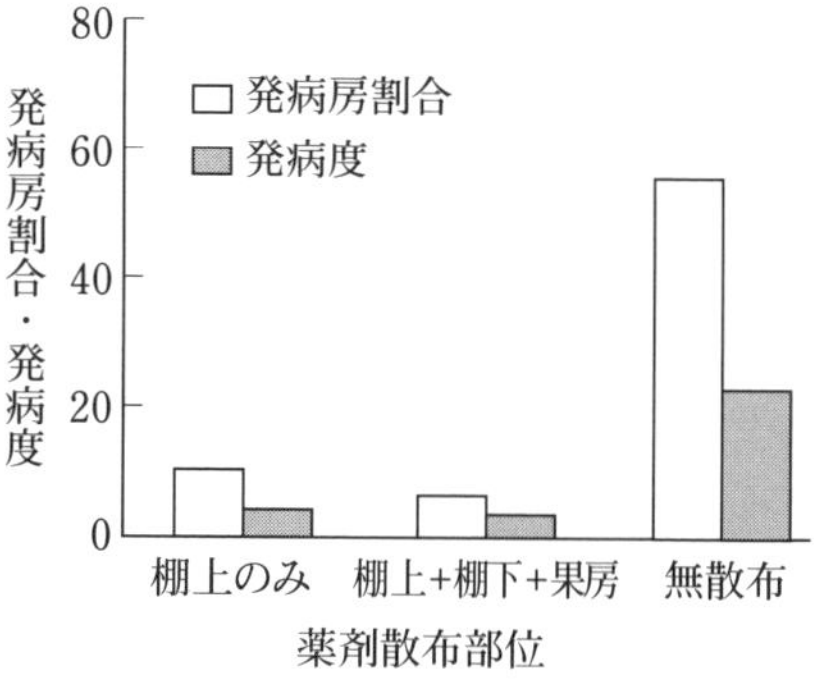

図4−13　ブドウ晩腐病に対する棚上散布の効果

アミスター10フロアブルを開花初期の5月27日，果粒小豆大期の6月7日，果粒大豆大期の6月17日（この時期は果粒が汚れるので棚下区も棚上だけ散布）に散布，6月25日に袋掛け，調査は8月19日（2003年試験）

❖害虫は狙い撃ちで

害虫が舞い降りる部位、増える部位は害虫まかせです。薬液は樹体にムラなくつけることが必要です。もちろん、害虫によって棲息場所や加害する部位は違うので、害虫の種類によって重点散布部位は異なります。加害部位、棲息部位を中心にたっぷりと散布します。害虫には狙い撃ち散布です。

以上のように目的とする病害虫によって散布法はまったく違います。でも、混用だとどこに重点を置けばよいのか悩むところです。こんなときは、そのとき一番に防除したい病害虫に適した散布法をとることになります。このことからも混用散布ではなくて、一つひとつの薬剤を単独で散布することの大切さがわかります。

7　果実糖度を下げない防除とは

「農薬を散布しても味に影響するなんてことはない」「いやいや、農薬を散布すると味が悪くなるに決まっている」など、農薬散布と味との関係についてはいろいろといわれています。どのように考えたらよいでしょうか。

❖単純比較は難しい

無農薬で栽培すると病害虫の発生がどのように変化するのかといった研究は、結構行なわれてきました。しかし、農薬散布と味との関係についてはあまり注目されてきませんでした。これは、調査が難しいことにもよります。

なぜ、難しいかというと、無農薬で栽培した場合、当然ながら病害虫の被害をたくさん受けることになり、そうでない一般の樹と単純に果実の味を比べることができないからです。つまり、病害虫による影響、たとえば葉面積が少なくなる、光合成能が低下するなどの影響が、いったいどのくらい味に影響するかということをあらかじめ突き止めていないことには、味の変化が農薬散布によるものかどうかを明らかにすることができないのです。この傾向はとくに落葉果樹で強く現われます。落葉果樹では無農薬栽培を行なうと病害虫の被害が激しく、味がどうなるどころの問題ではなく、まず収穫ができなくなってしまいます。

❖明らかに糖度は下がる——カンキツ類での比較試験結果

ところが、カンキツ類は農薬の使用をやめても一～二年、とくに一年目は

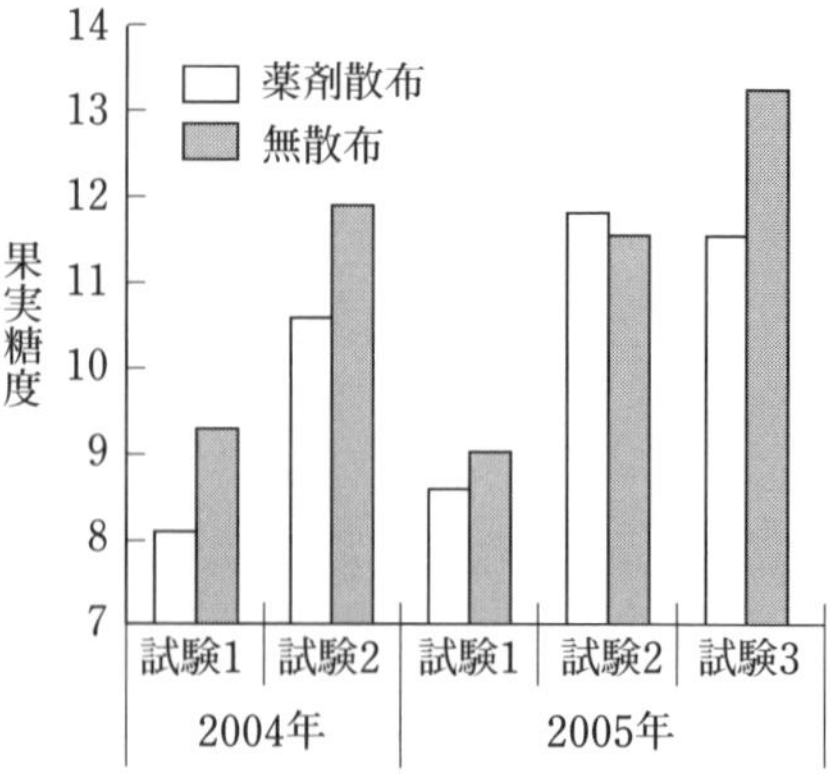

図4－14　農薬散布と極早生温州ミカン（品種：上野早生）の果実糖度との関係

1. 試験1と試験2は同一樹を用いて2ヵ年連続して試験を実施，試験3は2005年のみ試験を実施，各試験ともに散布区，無散布区ともに15～17樹を用いた
2. 農薬散布：2004年；5月上旬：サーガ水和剤500倍，5月下旬：ジマンダイセン水和剤600倍，6月下旬：ジマンダイセン水和剤600倍とモスピラン水溶剤2,000倍の混用，7月上旬：エムダイファー水和剤600倍，7月下旬：キノンドーフロアブル600倍，9月中旬：ジマンダイセン水和剤600倍，10月中旬：ベンレート水和剤4,000倍とベフラン液剤25 2,000倍混用
3. 農薬散布：2005年；5月中旬：サーガ水和剤500倍，6月上旬：ジマンダイセン水和剤600倍とモスピラン水溶剤2,000倍の混用，7月上旬：ジマンダイセン水和剤600倍とモスピラン水溶剤2,000倍の混用，8月上旬；エムダイファー水和剤600倍，10月中旬：ベンレート水和剤4,000倍とベフラン液剤25 2,000倍混用
4. 試験1は露地栽培，試験2と試験3は高畝タイベックマルチ栽培
5. 果実糖度調査：10月中旬

これといった病害虫の被害を受けることが少ないので、農薬散布と味との関係を知るにはうってつけの樹種といえます。そこで、実際に調べてみたのが図4―14に示した試験です。農薬無散布条件と一般の管理条件で栽培した極早生温州ミカンの味について、果実糖度を指標として比較しました。

その結果、無散布初年目のデータ三例（二〇〇四年の試験1と試験2、二〇〇五年の試験3）はいずれも、薬剤散布を行なうことによって明らかに果実糖度が低下していることがわかります。その差は試験1で一・二度、試験2では一・三度、試験3では一・七度とかなり大きく、これらは統計学的にも意味のある差だということがわかっています。

栽培技術で果実の平均糖度を一度上げることはかなり難しいことです。それが、農薬を散布しない、ただそれだけのことでなんと一・二～一・七度も上がってしまうのです。種々の農薬散布が果実糖度に悪影響を及ぼしているといって過言ではないでしょう。

❖光合成低下が糖度に影響

農薬を散布することによって、程度は異なるにせよ光合成の能力が一週間ほど低下することが知られています。生育中に六～七回も農薬散布を行なえば合わせて二ヵ月、あるいはそれ以上も光合成能力が低下することになり、それだけ無散布樹に比べて糖度が下がるのは当然だといえます。

ここで大切なのは、どのような種類の農薬を、どの時期に散布すれば糖度に悪影響を与えるのかということですが、そのような研究はこれまでほとんど行なわれていないので、詳しいことはわかっていません。こうしたことがだんだんわかってくれば、糖度にできるだけ影響を与えない防除ということが可能になってくると思われます。

❖光合成盛期の夏の散布が影響大

散布時期については、私が行なったこれまでの試験データによると、カンキツ類では七月下旬～八月中旬の散布で糖度の低下が大きい傾向にあります。糖の蓄積のために光合成がもっとも盛んな時期に薬剤を散布することによって、糖度の上昇を妨げていたことが考えられます。カンキツ類ではこの時期の薬剤散布を、極力控えることが大切です。

❖防除しないと糖度は結局は低下する

ただ、同一樹を用いて試験を継続すると、二〇〇五年の試験1、試験2のデータを見てわかるように、二年目には薬剤散布と無散布との糖度差は小さくなってしまうか、認められなくなっています。これは最初に述べたように、二年目から薬剤無散布による病害虫被害が目立つようになり、そのために樹勢が低下し（目に見えるほど顕著な低下ではありませんが）、思ったほどの糖度上昇が現われなかったからだと考えられます。

ここで問題になるのは、どのような種類の病害虫が樹勢低下に関係しているかということですが、薬剤無散布樹では特定の病害虫被害が目立っているわけではないのに樹勢が低下していいます。この傾向は三年目になるとよりはっきりと認められてきます。このことから適切な病害虫防除は樹勢の維持に必要なことがわかります。

❖果実糖度を下げない薬剤防除

これまで説明したように、薬剤散布を行なうことで果実糖度は確実に低下するといえます。極早生温州ミカンでは、とくに七月下旬～八月中旬散布の悪影響が大きそうです。しかし、だからといって薬剤無散布で管理していると、次第に病害虫の被害が増加して樹勢の低下を招いてしまいます。その結果、果実糖度は上昇せず、また果実の見栄えも悪くなってしまいます。やはり、適切な病害虫管理は欠かすことができません。

大切なことは、果実糖度の蓄積にもっとも影響する時期を避けた防除体系がつくれるかどうかということです。このためには、該当する時期に薬剤散布をしなくていいように、それまでの防除を徹底することや、薬剤散布以外の耕種的対策などを積極的に実施していくことが大切です。

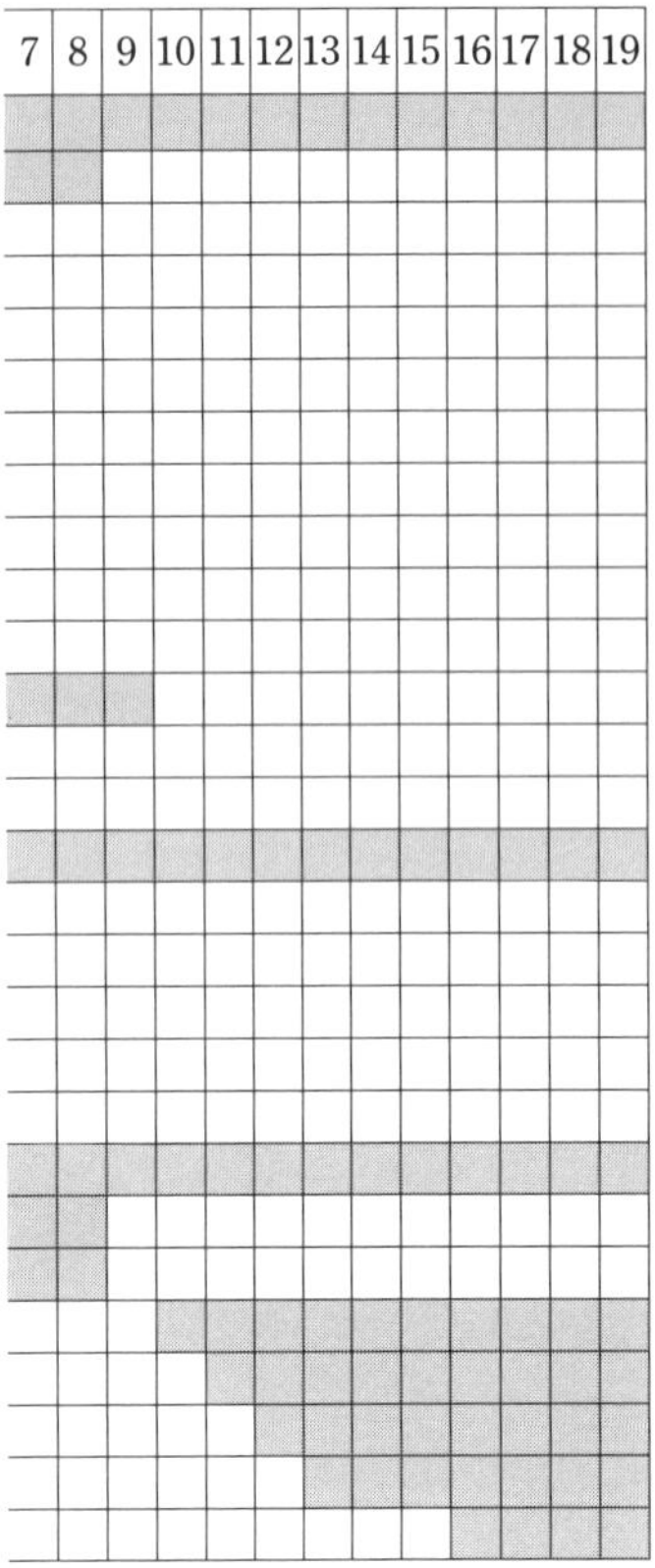

(昭和42年〜平成19年)

8 耐性菌や抵抗性害虫を出さなくするには

耐性菌とは、それまですぐれた効果を示していた殺菌剤がまったく効かなくなった病原菌のことで、抵抗性害虫とは殺虫剤や殺ダニ剤が効かなくなった害虫のことです。耐性菌や抵抗性害虫が増えてくると、散布した薬剤の効果が現われないとか、使える薬剤が減って防除に困るなどの事態を招きます。薬剤防除を行なうにあたっては、耐性や抵抗性が発達しないようなやり方が必要になります。

耐性や抵抗性の出現は、薬剤の性質によるところがまず大きく、次いでその使い方に原因は求められます。

❖抵抗性といえば殺ダニ剤

抵抗性の発達と新剤とのイタチごっこ

抵抗性の問題といえば「ダニ剤」といわれるほど、ダニの防除では薬剤抵抗性の問題がついてまわります。ダニ剤の新薬は数年おきに出てきます。新薬ですから当然、効果はすぐれています。しかし、大部分の新薬は残念なことにわずか数年で効かなくなってしま

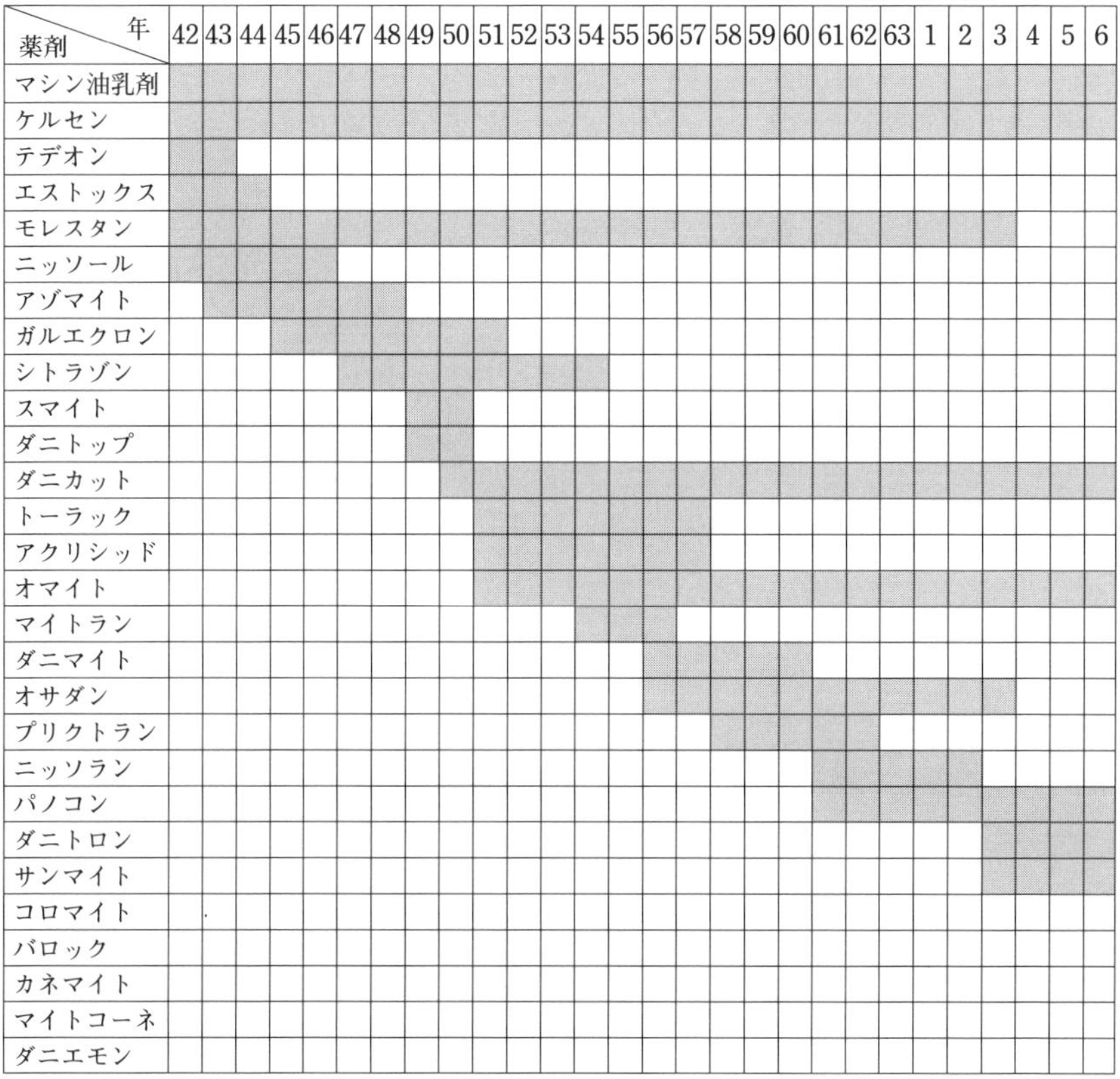

年
薬剤
42 43 44 45 46 47 48 49 50 51 52 53 54 55 56 57 58 59 60 61 62 63 1 2 3 4 5 6
マシン油乳剤
ケルセン
テデオン
エストックス
モレスタン
ニッソール
アゾマイト
ガルエクロン
シトラゾン
スマイト
ダニトップ
ダニカット
トーラック
アクリシッド
オマイト
マイトラン
ダニマイト
オサダン
プリクトラン
ニッソラン
パノコン
ダニトロン
サンマイト
コロマイト
バロック
カネマイト
マイトコーネ
ダニエモン

図4−15　佐賀県の病害虫防除基準におけるミカンハダニ主要駆除剤の変遷

います。薬剤抵抗性が発達してくるからです。これでは、新薬の登場と抵抗性発達による効果低下のイタチごっこです。

図4—15に過去四一年間のダニ剤（カンキツのミカンハダニ駆除剤）の変遷を示しました。いかにダニ剤が短命であるかが、ひと目でわかります。早いものはわずか二年で防除基準から消えています。ニッソランは鳴り物入りで登場した素晴らしい効果の剤でしたが、三年目には抵抗性が発達してしまいました。四年目にはもう実用的な効果はなくなっていたのですが、他に使える剤がなかったことから、そのまま基準に残っていました。

ニッソランを引き継いだのが、ダニトロンとサンマイトです。両剤ともに初年目はものすごく効きましたが、三年目には抵抗性が発達し、四年目以降になると効果はほとんど期待できなくなりました。その結果、平成九年には効果の高いダニ剤が防除基準から消えてしまうという事態になりました（パノコンとオマイトは掲載されていますが、パノコンの効果は一流ではありませんし、オマイトは十月中旬以降の温度が下がってからの使用に限られます）。

　このようなイタチごっこがこれまで繰り返されてきたわけで、ダニ剤の使い方を変えていかないことには、この先もずっとダニに苦しめられることになります。

ダニ剤は必ず効かなくなる

　マシン油乳剤以外のダニ剤を使い続ける限り、そのダニ剤は必ず効かなくなります。これはどんな使い方をしてもです。自然界にはもともとダニ剤が効かないダニが、ごく少数ですが、初めから存在しているからです。ダニ剤を使っているうちに、その効かないダニが徐々に増えてくるのです。

　一〇〇万頭のダニの集団があって、そのうちの一頭は最初からダニ剤が効かないとします。新規のダニ剤が華々しく登場して、この集団に散布されるとします。九九万九九九九頭は退治されますが、初めから効果がない一頭は生き残ります。生き残るといってもわずか一頭ですから、皆さんの目には見えません。素晴らしい効果が出たということになります。実際には散布ムラなどがあって生き残るダニはもっと多いのですが、仮にそれが一万頭だったとしても、その効果はすごいということになります。

　その後、この一万頭が徐々に増殖して一〇〇倍の一〇〇万頭になって、ふたたび同じダニ剤が散布されたとします。効かないダニの数は効くダニの増殖率と同じとすると一〇〇頭です。今度は九九万九九〇〇頭のダニにはよく効いて、残りの一〇〇頭にはまったく効果がありません。しかしまだ効果としては素晴らしいものです。問題が出てくるのは、その次の三回目あたりからです。一〇〇頭の一〇〇倍で一万、次には一〇〇万というレベルにまで増えてしまうからです。効かないダニの数が一頭から四回目の散布までに、なんと一〇〇万倍も増えてしまう。もはやこの数は、ダニ剤が効いていた最初の集団の数と同じです。この段階になると一〇〇万頭すべてが効かないダニで占められ、このダニ剤はまったく効かなくなってしまうのです。一年に一回の散布でも四年もたてば使えなくなる理屈は、こういうことです（図4—16）。

　つまり、ダニが薬剤に徐々に強くなっていくのではなく、効かないダニの割合が高くなっていくところに抵抗性発達のカギがあります。このため、薬剤抵抗性の発達を抑えることは不可能ということです。気門をふさいで窒息させるマシン油以外のダニ剤は、使っているうちに必ず効かなくなってしまうのです。

私たちにできることは、この薬剤抵抗性の発達を遅らせるということだけです。そのためにはダニ剤をできるだけ使わないこと。使うにしても、同じ薬剤を連用しないことが肝心です。

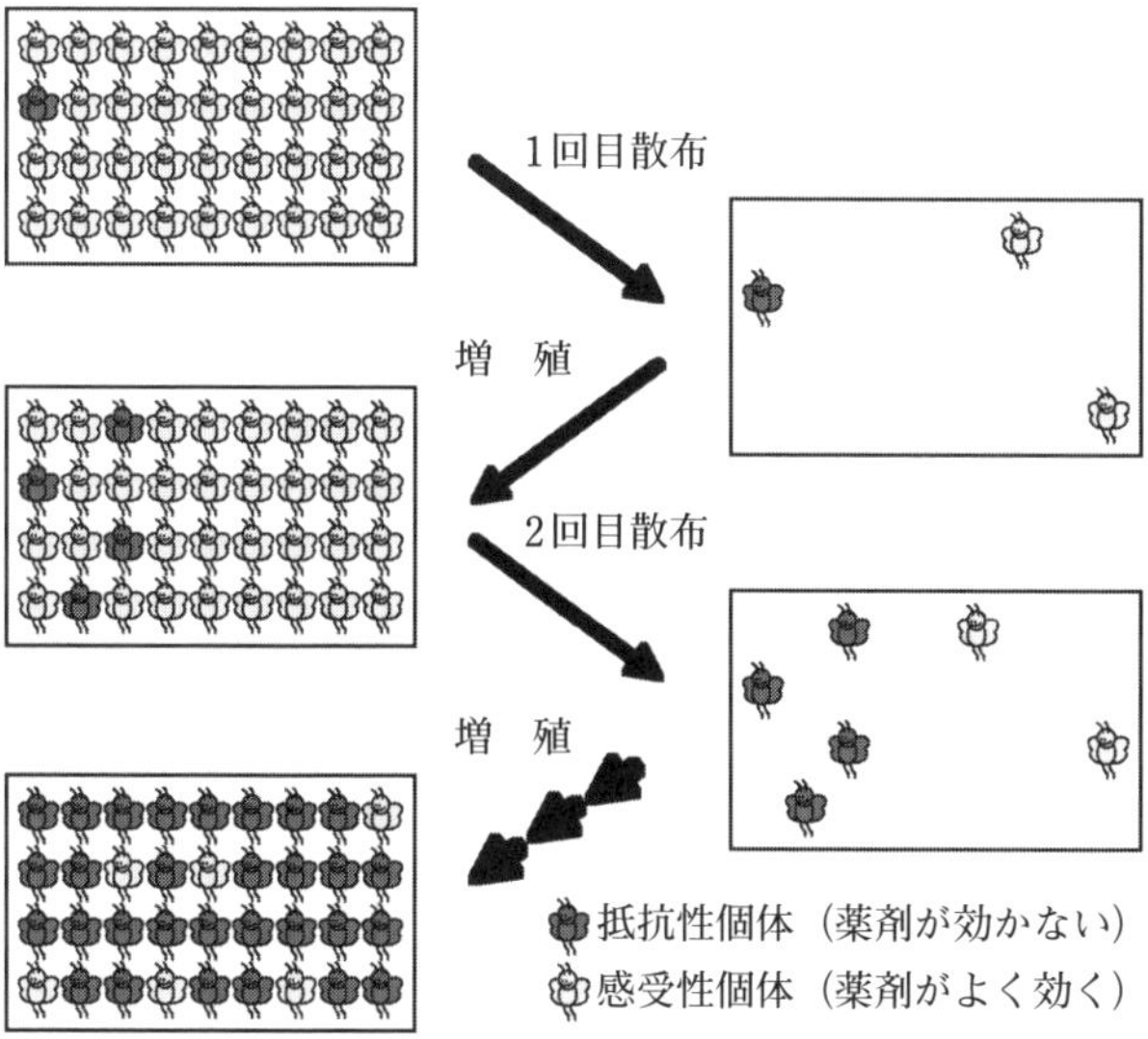

図4－16　抵抗性発達過程の模式図
薬剤の効かないダニは最初から存在しており，薬剤を使うごとにその密度が高まっていく

長命なダニ剤の共通点

図4―15を見て興味深いことは、大部分のダニ剤が短命であるのに対して、長期にわたって使われている（た）ものもあるということです。モレスタン、ダニカット、オマイト、パノコンの四剤です。このうち、モレスタンは高温時に薬害が発生しやすく、オマイトも薬害の面から十月中旬以降の使用に限られます。ともに使用時期が限られる共通点があります。また、ダニカットとパノコンは切れ味鋭い剤というわけではない、どちらかというと脇役的なダニ剤で、すぐれた効果を示す剤に比べて使用回数が多くないという共通点があります。

以上のような理由から抵抗性の発達が抑制されて、長命なダニ剤になったものと考えられます。これはまさに、使用時期や回数を制限することで抵抗性の発達を抑えていることを示すもので、ダニ剤の効果的な使い方のヒントがここにあります。

なお、ケルセンも長年にわたって使われてきましたが、この場合は、抵抗性の遺伝様式が劣性なため抵抗性が発達しても数年使用しないでいると、効果が復活するという性質によるものでした。

すぐれたダニ剤は切り札で使う

ダニ剤散布の時期はカンキツでは果実被害を防ぐための八月下旬～九月上旬です。

カンキツの場合、ダニの防除は夏ダニを抑えるための七月中・下旬と、秋ダニ防除の九月上旬が常識でした。七月中・下旬はダニの増殖が著しく多いときです。そこでこの時期に散布していたのでしょう。実際、ニッソランにしてもサンマイト、ダニトロンにしても、防除基準で指定されていたのはこの時期です。しかしこれでは抵抗性の発達をわざわざ誘導するようなものです。ダニの増殖が激しいこの時期はもともと効かないダニの増殖も速く、抵抗性の発達を進めてしまい、わずか数年で

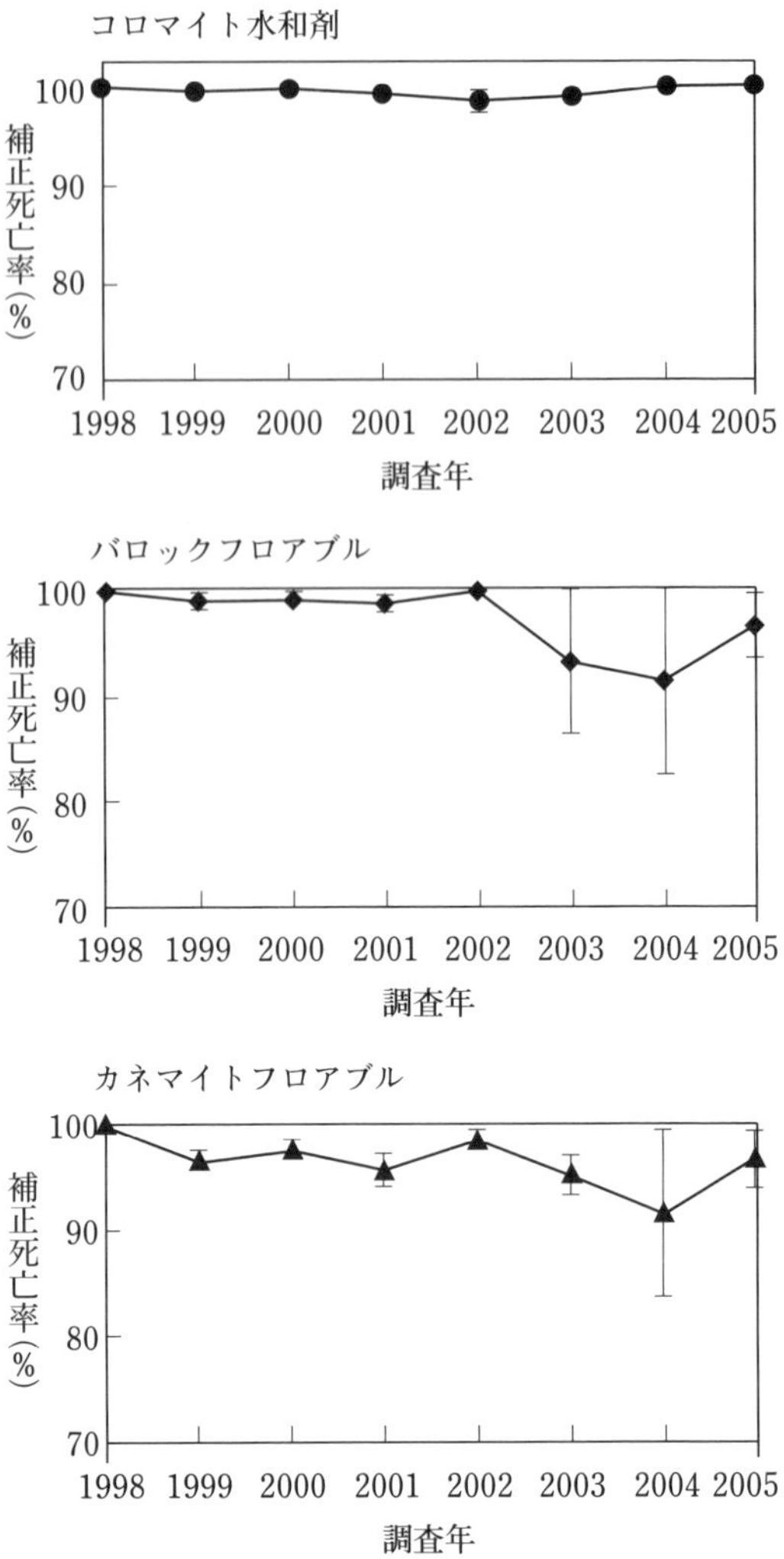

図4－17　ミカンハダニの主要ダニ剤に対する感受性の推移

(佐賀県各地から採集したミカンハダニを対象)
各マーカーの誤差線は標準誤差を示す
調査園数　1998年:13園, 1999年:13園, 2000年:11園, 2001年:11園, 2002年:11園, 2003年:9園, 2004年：5園, 2005年：8園

使えなくなってしまったのでした。

　いったいこの梅雨明け時に、夏ダニを抑えるための防除は必要なのでしょうか？　わざわざ抵抗性を発達させるために散布するなんて、とんでもないことです。これに対し、秋ダニによる果実被害を防ぐ八月下旬～九月上旬の防除は必須で、完璧な効果が望まれます。この時期には効果のすぐれたダニ剤を使わなくてはなりません。現在、すぐれた効果が期待できるダニ剤は、コロマイト、バロック、カネマイト、ダニエモンなど結構あります。しかしこれらを夏ダニ退治に使うのはもったいない。ではどうするか。

　それがマシン油の積極的な使用です。私たちは平成十年にコロマイト水和剤が登場したのをきっかけに、それまでのダニ防除の考え方を大きく転換することにしました。何をどのように変えたかというと、

①六月まではマシン油を積極的に利用する

②ダニ剤の散布は果実被害を防ぐ八月下旬～九月上旬の時期に限る

③その時期に散布するダニ剤は二年続けて同じ剤を使用しない、同じ剤はできれば三年あるいは四年に一回の使用とする

という三点です。

　その結果、図4―15を見てわかるようにコロマイト水和剤、バロックフロアブル、カネマイトフロアブルについては、それぞれ登場後九年、八年、七年経過しているにもかかわらず、平成十九年現在でも効果は高く維持されており、従来短命だったダニ剤の寿命が大幅に延びていることがわかります。

数年に一回なら効きめは長持ち

　主要なダニ剤について過去八年間、抵抗性の発達程度を調べたところ、死亡率が九〇％を下回るようなことはありませんでした（図4―17）。今のところ、これらのダニ剤の効果は十分に維持されているものと考えています（注）。これはマシン油の使用によってダニ剤の散布時期と回数を制限でき、さらに二年続けて同じダニ剤を使用しないという防除体系がうまく機能していることによるものだと思われます。

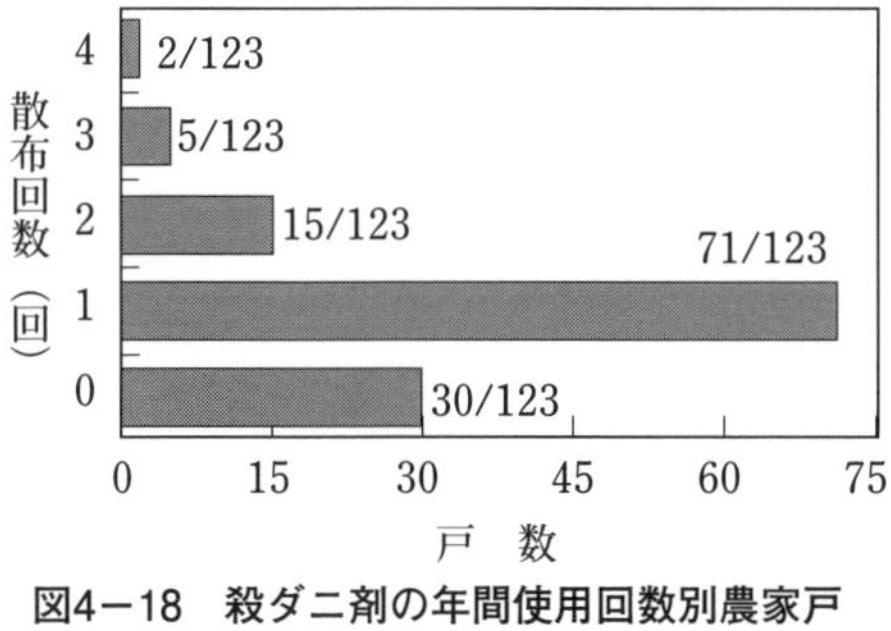

図4－18　殺ダニ剤の年間使用回数別農家戸数（2003年～2005年の合計123戸）

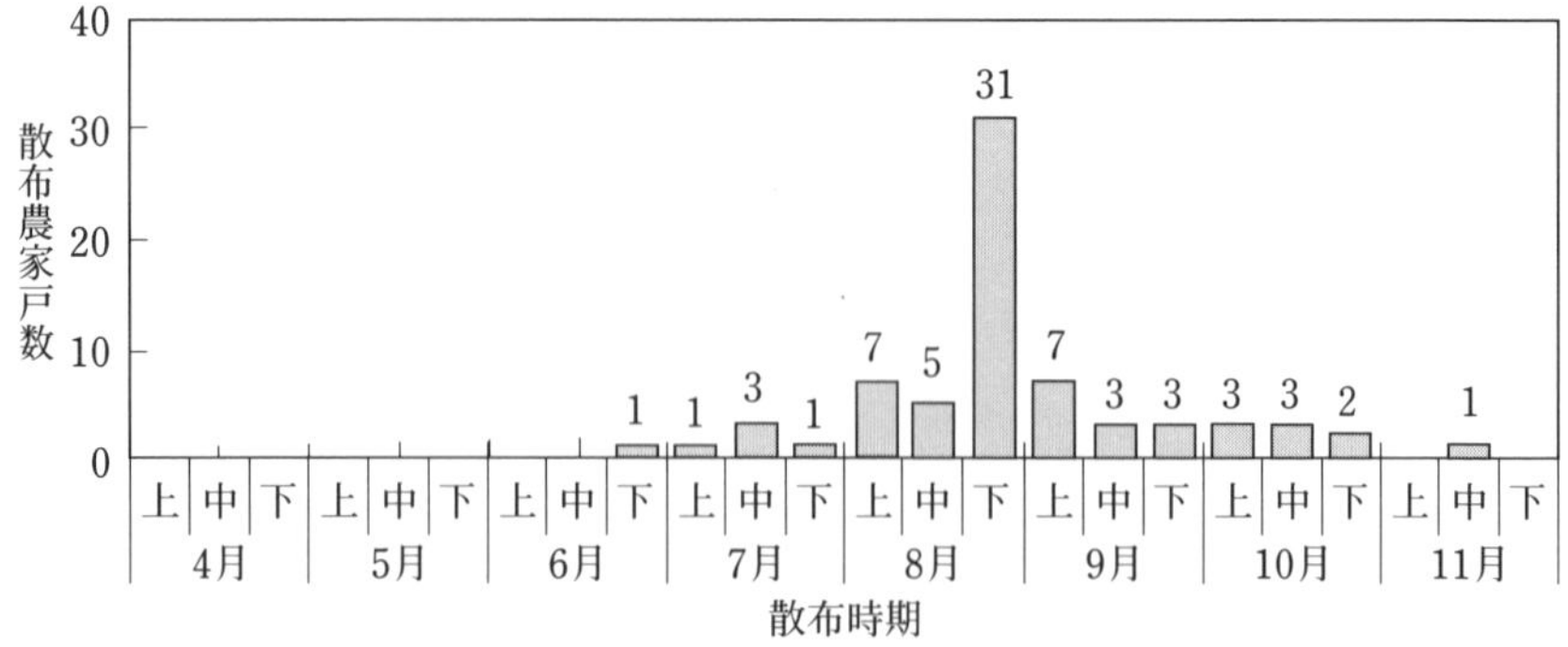

図4－19　殺ダニ剤を年に1回使用した農家の散布時期別戸数
（2003年～2005年の合計　71戸）

（注）この調査は通常散布される濃度の三分の一という薄いレベルで行なっているので、実際の効果はもっと高いことになります。

このことは、これまでの失敗の繰り返しから脱却したものとして評価できると考えています。実際、マシン油を四～六月に積極的に使うことによって、ダニ剤の使用は八月下旬～九月上旬の一回で済んでいる場合が大部分です（図4―18、19）。さらに、驚くべきことに四分の一の農家ではダニ剤をまったく使わなくても十分にダニをコントロールできていることです。

❖特効薬は出始めにピシャッと効かす ――しっかり量もかける

耐性菌や抵抗性害虫が出やすい薬剤は、一般に「特効薬」といわれるものです。ある特定の病害虫にしか効果を発揮しない場合が多いのですが、その効果はとてもシャープです。特効薬が使えなくなると防除は難しくなるので、特効薬が効かなくなる事態は避けなければなりません。このための一番の方法は特効薬を「使わない」ことです。使わなければ耐性や抵抗性が発達することはありません。特効薬を使わずに済めばそれにこしたことはないのです。「特効薬を使わない薬剤防除」、これが基本です。

使うとすれば、発病や発生が激しくなる前の段階です。大部分の人は、「特効薬だから、発生が激しくなってからの切り札的な防除に用いたほうがいいだろう」と考えています。しかしそれは違います。発生が激しくなってからでは、特効薬といえども本来のすぐれた効果は期待できません。さらに、問題になるのは、病害虫密度が高まって

郵便はがき

おそれいります
が切手をはって
お出し下さい

3350022

（受取人）
埼玉県戸田市上戸田
2丁目2－2

農文協
読者カード係
行

◎このカードは当会の今後の刊行計画及び、新刊等の案内に役だたせていただきたいと思います。　はじめての方は○印を（　）

ご住所		（〒　－　） TEL： FAX：
お名前		男・女　歳
E-mail：		
ご職業	公務員・会社員・自営業・自由業・主婦・農漁業・教職員（大学・短大・高校・中学・小学・他）研究生・学生・団体職員・その他（　）	
お勤め先・学校名		日頃ご覧の新聞・雑誌名

※この葉書にお書きいただいた個人情報は、新刊案内や見本誌送付、ご注文品の配送、確認等の連絡のために使用し、その目的以外での利用はいたしません。

- ご感想をインターネット等で紹介させていただく場合がございます。ご了承下さい。
- 送料無料・農文協以外の書籍も注文できる会員制通販書店「田舎の本屋さん」入会募集中！案内進呈します。　希望□

■毎月抽選で10名様に見本誌を1冊進呈■（ご希望の雑誌名ひとつに○を）

①現代農業　②季刊 地 域　③うかたま

お客様コード □□□□□□□□□□

お買上げの本

■ご購入いただいた書店（　　　　　書 店）

●本書についてご感想など

●今後の出版物についてのご希望など

この本をお求めの動機	広告を見て（紙・誌名）	書店で見て	書評を見て（紙・誌名）	インターネットを見て	知人・先生のすすめで	図書館で見て

◇ 新規注文書 ◇　　郵送ご希望の場合、送料をご負担いただきます。

購入希望の図書がありましたら、下記へご記入下さい。お支払いはCVS・郵便振替でお願いします。

（書名）	（定価）¥	（部数）　部
（書名）	（定価）¥	（部数）　部

460

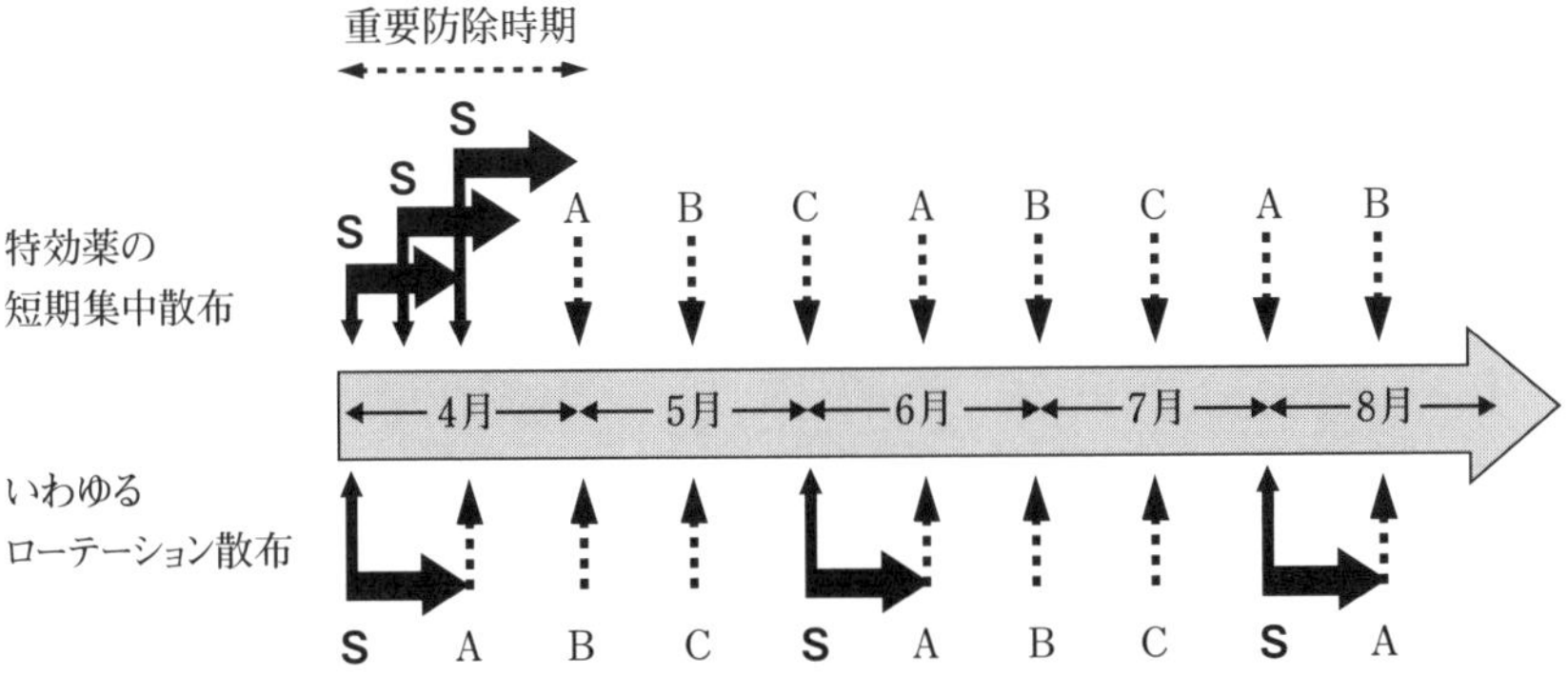

図4−20　特効薬の生育初期集中散布の例

S：特効薬，A，B，C：保護剤，↓：薬剤散布時期，→：特効薬の残効期間

特効薬は，病害虫の立ち上がりの時期や「ここぞ」という重要防除時期に限って使用する。そうしないと特効薬が病害虫に接している時間が長くなって，薬剤抵抗性が発達しやすくなる（図の例では，特効薬と病害虫とが接する時間が，ローテーション散布は短期集中散布の1.5倍に）。

また，生育初期は病原菌密度が低いので，抵抗性発達のリスクが少ないというメリットがある。

いるので耐性や抵抗性の発達を招きやすくなるということです。

また、特効薬を使うときは、散布量も重要です。一回の散布できちんと抑えるにはていねいに散布します。特効薬だからといって雑に散布してはいけません。雑な散布では効果が低く、発生が多くなるので、耐性菌や抵抗性害虫の発生を招きやすくなります。

❖効き目が悪くなったと感じたら

使っている薬剤の効き方がどの程度低下したか自分で調べるのは難しいので、試験場や病害虫防除所、JAなどに発病した葉や果実、害虫やダニをもって行き、調べてもらいます。数日で結果が出るので、それをもとに対策を練ります。

もしも、「耐性や抵抗性が発達しています。薬剤の効果は期待できません」というときは、替わりの薬剤があればそれを使いますが、なかなかそうはいきません。特効薬の種類と数は限られています。

替わりになる特効薬がないときは、殺菌剤など保護剤の連続散布を行なって、ともかく発生の拡大を抑えなくてはなりません。なお、同一系統の殺菌剤であればふつうは耐性の発達程度は同じレベルですが、DMI剤は耐性がついていても種類によって効果に差が認められることがあるので、最新の情報を仕入れて、最善の薬剤を選択しなければなりません。

殺虫剤や殺ダニ剤では、少しでも効果の高い他系統の薬剤を使用します。ただし、現状では抵抗性の発達によって防除が困難になっているケースは少ないようです。

❖安易なローテーション散布は禁物

特効薬はローテーション散布しなさいと指導されてきました。しかし、このローテーション散布は必ずしも有効な対策ではありません。図4―20に示すように、ローテーション散布では特効薬が病害虫に作用する期間が長くなり、かえって耐性や抵抗性の発達を促してしまいます。

これに対して、前述のように特効薬を病害虫発生の立ち上がりやここぞという時期に限って使用すれば、その間に連用しても年間を通せば病害虫に作用する期間は短いので、耐性や抵抗性の発達を抑えることができます。

薬剤の使用回数が問題なのではありません。薬剤と病害虫が接している期間を短くすること、これが重要なのです。

なお、年次ごとのローテーション散布はもちろん有効です。これはとくに殺ダニ剤の場合にいえることで、昨年使った剤は今年は使わない、今年使った剤は来年は使わないということを徹底します。

〈理解度チェック〉

□ 新薬の問題点
□ 特効薬の使い方
□ 雨媒伝染病害防除のコツ
□ 混用散布の問題点
□ 薬液は葉表につける：雨媒伝染病害
□ 薬液は全体にムラなくつける：風媒伝染病害、害虫
□ 農薬散布と果実品質の関係
□ 薬剤耐性菌・抵抗性害虫対策

V 雨を制する者は病害虫を制する

効果的で効率的な防除を行なうためには、雨と病害虫防除との関係をしっかり押さえておくことが大切です。この章では雨をどう生かし、あるいは制していくか。その上手な付き合い方を見ていきます。

1 雨は病原菌の広がりと感染に欠かせない

❖雨は病気の目ざまし時計

病気の原因となる病原菌は大部分がカビ（糸状菌）で、細菌が少しあります。これらの病原菌は幹や枝、葉の病斑部、あるいは土の中に棲息しており、ふだんはじっとしています。ところが、雨が降って水分が与えられると活動を始めます（もちろん、適度な温度が必要です）。糸状菌は子孫を増やすためにせっせと胞子をつくり、細菌は病斑部でその量を爆発的に増加させます。降雨が目覚まし時計がわりになって病原菌の活動は始まり、新たに大量につくられた胞子や細菌が生きのいい伝染源になります。

なお、カビや細菌のほかにウイルス、ウイロイドも重要な病原ですが、雨との関係は深くありませ

雨だー!!
これでどんどん
増えることができる!!
雨に乗って
どこへでも
飛んでいけるぞー

図5−1　雨媒伝染病原菌は雨で増殖し，雨で運ばれる

んので説明は省きます。

❖雨は病原菌の運搬役

大量につくられた胞子や増殖した細菌が移動するために頼るのも雨です。病原菌の移動手段として雨は重要な役割を果たしています。雨水の中に胞子や細菌が入り込んで、枝や幹、葉を伝って移動していきます（図5—1）。このとき風があると、より広い範囲に広がります。このように雨で伝搬する病害を雨媒伝染病害と呼び、果樹病害の大部分を占めています。

このほかに風媒伝染病害というものもあります。これは胞子が風によって運ばれるもので、数は少なくカンキツ灰色かび病やカンキツ緑かび病、ナシ黒斑病、ナシ赤星病、カキ落葉病、各種うどんこ病など、一部の病害に限られます（図5—2）。

❖病原菌の拡散、感染を助ける

病原菌の感染、とくに大部分の糸状菌（カビ）の感染に水分はなくてはならないものです。樹体の表面に付着したカビの胞子は水を吸って大きくふくらみ、発芽管を伸ばしていきます。まるで種子の発芽とそっくりです。小さくて目には見えませんが、こんなことが樹体の表面でおきているのです。

発芽管が樹体に侵入するまでの時間は、病原菌の種類によって大きく違います。短い例ではカンキツ褐色腐敗病菌の一時間というのがあります。遅い場合でも十数時間もあれば感染してしまいます。しかし、このとき水がなかったら発芽管は伸ばせません。雨媒伝染病

図5－2　風媒伝染病原菌の胞子は風で運ばれ，樹体のどこにでも付着する
防除効果は薬液の被覆程度に左右される

害の胞子は乾燥にはとても弱いものです。発芽管を伸ばして侵入する前に乾いてしまうと死滅します。逆にいうと、雨はこの胞子を乾燥から守り、侵入を手助けしているのです。

ただし、うどんこ病菌だけは水滴があると胞子が破裂して、感染できません。うどんこ病菌は雨が苦手です。ブドウのうどんこ病は施設栽培では重要病害ですが、露地ではまず問題になることはありません。

❖害虫の活動をにぶらせる効果も

雨は病害防除にとってはありがたくない存在ですが、害虫に対しては有効に働くこともあります。雨の日は害虫の行動は鈍くなりますし、雨によって小さな害虫や卵は洗い流されてしまうからです。同時に強い風があれば、さらにその程度は大きくなります。台風などの強風雨のあとにハダニが激減するのがそのいい例です。

逆に雨が当たらない施設栽培では害虫はのびのびと活動でき、爆発的に増殖することになります。

❖薬剤を流亡させ効果をなくす

降雨や雨後の水滴によって病原菌は伝染し感染しますが、樹体に殺菌剤が付着していればうまく感染できず、病気は発生しません。この感染を防ぐために殺菌剤は散布します。ところが残念なことに、散布された殺菌剤や、また殺虫剤も、雨によって流されてしまいます。少量の雨なら流される量も少ないのですが、散布後の雨量が多くなるにつれて、あるいは降雨強度が強くなるにつれて、流される量も多くなります。そして、樹体の表面に付着している薬剤の量が効果を維持できる一定のレベル以下になってしまうと、もはや防除効果は期待できなくなります。

この雨に対する強さは、殺菌剤や殺虫剤など薬剤の種類によって大きく違っています。また、雨の降り方（強弱）によっても薬剤が流される量は違ってきます。

❖雨との関連から見た病害防除のポイント

雨（水）なくして病気は発生しません。このため、病気の発生を防ぐためには、以下に示している三つのことが重要になります（表5―1）。

その① 降雨の遮断

雨を遮断する方法としては雨よけ栽培などの施設栽培があります。すべて雨媒伝染病害は、雨を遮断することで防ぐことができます。一方、土壌中に

表5－1　雨の制御などによる病害防除法

方法		効果
①雨を遮断すること	→	病原菌の増殖を防ぐ 病原菌の拡散を防ぐ 病原菌の感染を防ぐ 薬剤の流亡を防ぐ
②樹体の表面が濡れている時間を短くすること（乾燥を早くすること）	→	病原菌の感染を抑制する
③散布薬剤の残効を把握すること	→	確実に樹体を薬剤で保護しておく，薬剤の切れ目をつくらない

病原菌が潜んでいるカンキツ褐色腐敗病はマルチをすることによって果実への感染を防げます。

その②　濡れ時間の短縮

乾燥を早くするには、果樹園内の通風、水はけ、日当たりに気を配ります。昼になっても露の切れが悪い園は病気が発生しやすいといえます。どこかに問題点がないかよくチェックしてみましょう。枝や幹の混み過ぎも避けなければいけません。防風樹の手入れをちょっと行なっただけで風通しがよくなり、カンキツ黒点病の発生が少なくなります。黒点病に限らず、すべての雨媒伝染病害で同じことがいえます。

なお、あまりに風通しがよくなると、ネーブル、レモン、イヨカンなどのカンキツ類ではかいよう病が問題になりますので、防風ネットを台風や強風のときだけ張るなどの対応を行ないます。

その③　残効の把握

散布した薬剤の残効を、直接把握することはできません。しかし、間接的には、散布してからの累積降雨量と散布後の日数によって推定できます。これは薬剤の種類によって雨に対する抵抗力（耐雨性）が違うためで、その詳細については後ほど紹介します。

2　雨の前と後、防除はどう違う？どちらがいい？

❖予防は雨前が原則だが…

「雨後の散布のほうが雨前に行なうよりも効果が高い」。こう信じている人が多いようです。その理由は、「せっかく散布した薬剤が流されてしまわないために」というものですが、繰り返し述べてきたようにこれは間違いです。雨に薬剤成分が溶け込んではじめて効果が発揮されるのですから。

では、いつも雨の前に散布すればよいかというと、それも違います。対象

残効：短
耐雨性：低
残効：長
耐雨性：高
こんなに雨に降られるともう効かないよ…
このくらいの雨ならまだまだ平気だよ!!

図5－3　防除効果は残効期間（耐雨性）に左右される

とする病害虫と散布する薬剤の種類、前回散布した薬剤と散布してからの累積降雨量、経過日数、このあとの雨の降り方の予想、病害虫の発生状況によって散布の適期は違ってくるのです。単純に判断することはできません。自分の園でこれならこうと、薬剤を効かせるタイミングをよく理解しておくことが大切です。

❖各薬剤の耐雨性を知っておく

薬剤の残効にもっとも大きく影響するのは降雨です。散布した薬剤は降雨によって流されていきます。流されやすさの程度（耐雨性）は、薬剤の種類によって大きく異なります。散布しようとする、あるいは散布した薬剤の耐雨性を知っておくことは、ラクで効率的、失敗しない防除を行なううえで大変重要です（図5―3）。

ところが、この耐雨性は薬剤散布後の日数や雨の降り方（強弱や回数、降雨間隔など）によって大きく違うし（表5―2）、データもあまりありません。しかし、ここではできるだけ個々の薬剤について具体例をあげて紹介していくことにします。

❖累積降雨量で散布適期を把握

前の散布からいったいどれだけの雨が降ったのか。薬剤散布の適期をつかむうえで、これを知ることはとても大事です。すぐ近くに気象庁のアメダスポイントがあれば、そのデータが使えます。しかし離れている場合には、降

表5－2　累積降雨量が同じ200mmでも雨の降り方で薬剤の残効は違ってくる
（カンキツ褐色腐敗病に対する効果）

降雨条件の違い	発病割合（%）	
	ジマンダイセン水和剤	ペンコゼブ水和剤
50mm×4回（50mm/回×2回/日×2日）	30	43
100mm×2回（100mm/回×1回/日×2日）	53	61
200mm×1回（200mm/回×1回/日）	69	70

注）人工降雨条件下での試験，降雨強度は34mm/時間に設定，各降雨処理後に病原菌を接種し発病を調査，発病割合が高いほど効果が低い。このデータからは1回当たりの降雨量が多いほど，つまり集中的に雨が降るときほど薬剤の効果が低下することがわかる

雨状況はかなり違ってきます。そこでこの際、自分で降雨量を調べるようにします。そのときに大変重宝するのが、「防除適期判定雨量計」（以下、雨量計と略）です（104ページ、写真5―1）。

❖降雨予想に敏感になる

どのくらいの雨が降るかという予想は、重要なファクターになります（図5―4）。耐雨性三〇〇mmの殺菌剤を散布して、すでに累積降雨量が二五〇mmに達しているとします。そろそろ次回の散布を考えなければいけませんが、雨の予報が出ていてそれが一〇～二〇mmや二〇～三〇mm程度の降雨量と五〇mm程度、あるいは一〇〇mm以上の降雨量というときでは対応が異なります。一〇mmや二〇mmであれば降ったとしてもまだ三〇〇mmに達するわけではないので、慌てて散布する必要はありません。

しかし、五〇mmやそれ以上というときには降雨中に前回の薬剤の残効が失

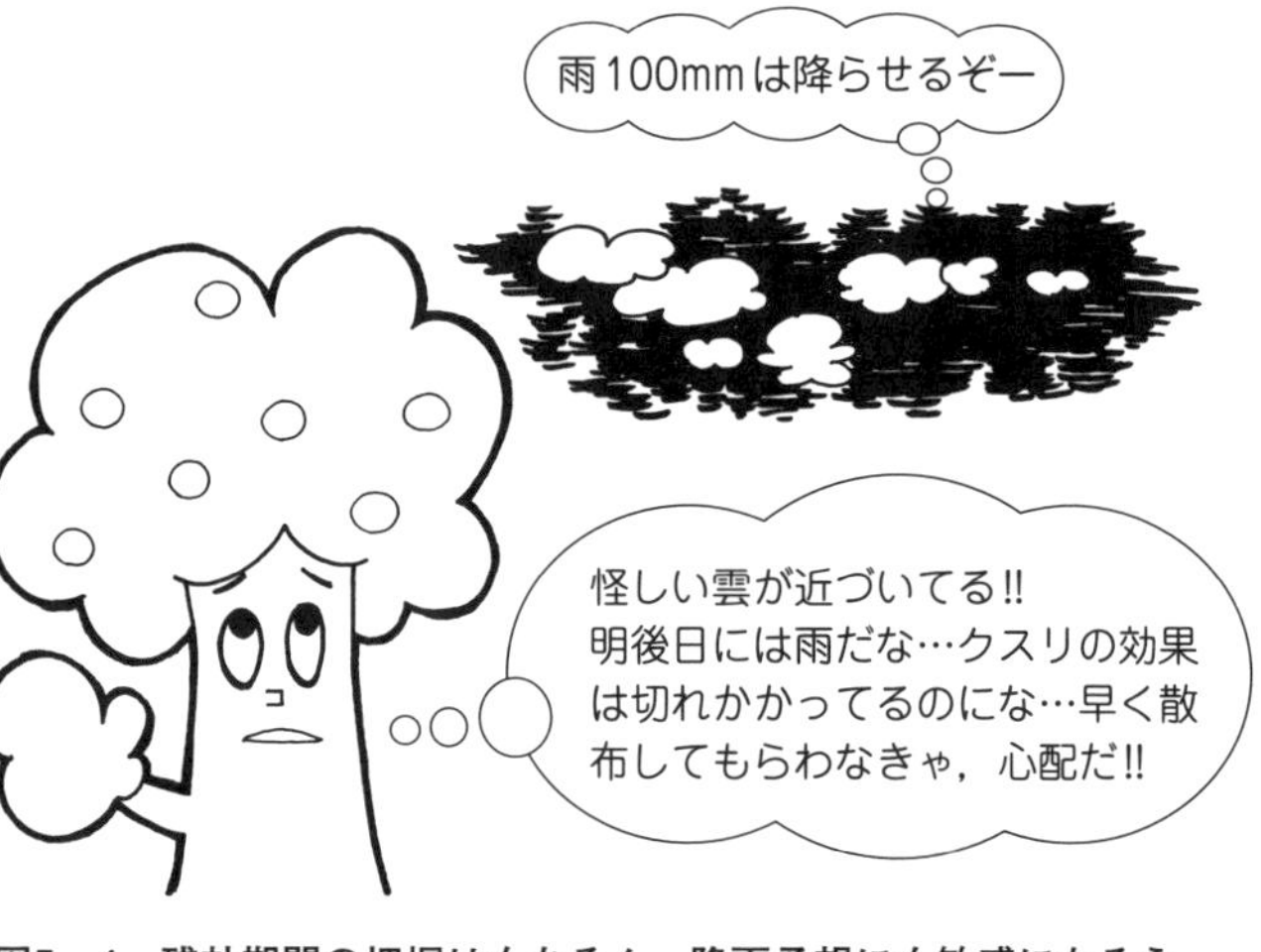

雨100mmは降らせるぞー
怪しい雲が近づいてる!!
明後日には雨だな…クスリの効果は切れかかってるのにな…早く散布してもらわなきゃ，心配だ!!

図5－4　残効期間の把握はもちろん，降雨予想にも敏感になろう

表5−3　降雨まで散布後1〜2日はほしい

散布から降雨開始までの時間	薬剤成分残存率（%）	
	トップジンM水和剤	コサイド水和剤
0（散布直後）	28	9
0.5	33	40
1	22	60
3	28	62
6	39	80
24	56	80
48	100	100

注）人工降雨条件下で調査，降雨は毎回10mm/時間を3時間，計30mm処理，表中の数字は薬液が十分に乾燥したと考えられる散布48時間後に降雨処理したときの残存量を100とした場合の各時間ごとの残存率（%）を示している

われてしまうので、早急に雨前に散布することが必要です。

❖降雨まで散布後一〜二日はほしい

しかしここでもう一つ問題が出てきます。散布してから雨が降るまで、どのくらい時間があれば防除効果は低下しないかということです。

これは薬剤の種類によってかなり違いますが、雨で流れやすい薬剤（表5—3のトップジンM水和剤）で丸二日、流れにくい薬剤（同コサイド水和剤）でも丸一日は雨にあわないほうが、薬剤成分の残存率が高まります。

もちろん、それまでに雨が降っても薬剤の効果は現われますが（図5—5）、残効期間が短くなることは覚悟しないといけません。ただし、どのくらい短くなるかはよくわかっていません。今後、明らかにしていかなければならない課題です。

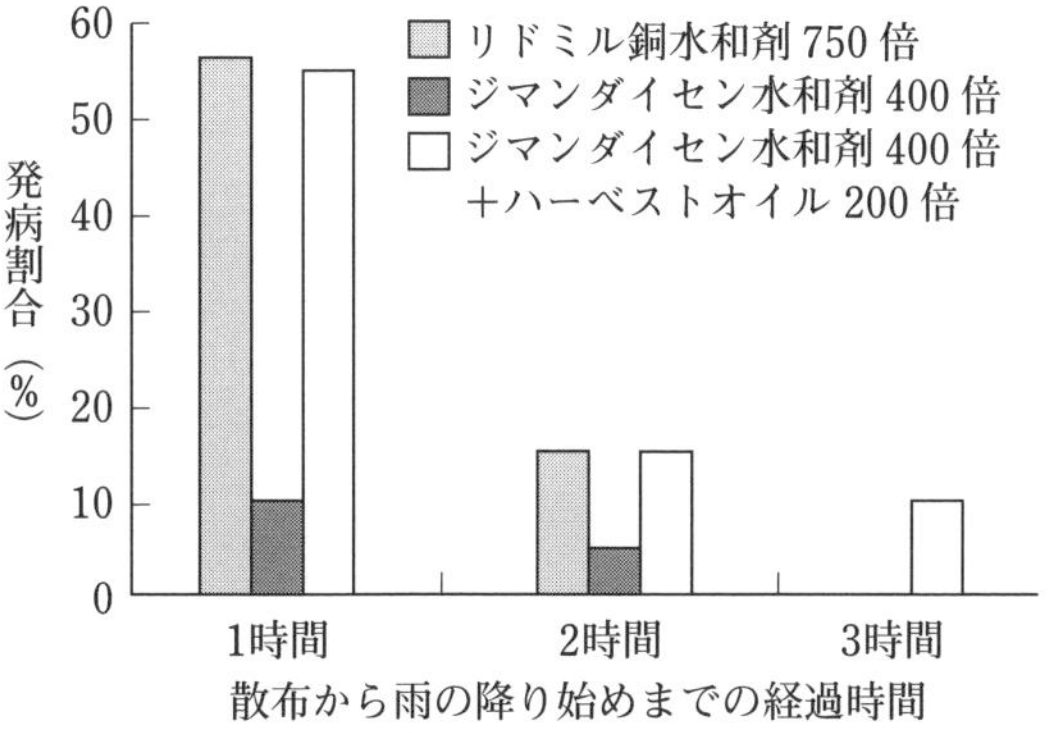

図5−5　散布後すぐ降り始めても一定の効果はあるが…

薬剤を散布して所定の時間を経過した後に100mm（25mm/時間×4時間）の人工降雨処理，その後，カンキツ褐色腐敗病菌を接種し発病状況を調査

❖雨中散布でも有効な場合もある

雨前の対応でもっとも極端な例が〝雨中散布〟です。残効

●リンゴの減農薬は雨前散布から

青森県大鰐町・木田節郎

（『現代農業』二〇〇六年九月号182〜183ページより）

防除回数は年間五回

私はリンゴの防除を年間五回で済ませているが、いくつかポイントがある。

一番大事なのは、防除は雨の前にするということである。これは、病害虫のほとんどが雨によって広がり、増えるからである。雨後に薬剤散布したのでは、すでに病害虫が増えてしまっているので効果は薄い。

リンゴの病気で一番怖い黒星病も、雨が降ると葉の上の菌が増え、雨だれによってリンゴが感染して黒くなってしまう。リンゴづくりを始めて一〇年くらいで、まだ雨の前に防除していなかった頃、この黒星病で痛い目にあったことがある。

害虫も、見ていると雨が降っている間は活動せず、雨があがると活動が倍になる。そうなってからでは手遅れだと思う。雨が降ると虫は葉の下などに隠れるが、そのときに薬剤がかかっていれば、殺虫効果も高まるのではないだろうか。

ましてや、今の薬剤は予防薬が多いため、病害虫が広がってからでは治療効果はあまりない。病害虫が発生する一歩手前で薬剤散布する必要があると思う。

五月の散布で決まる

年間の防除のなかでとくに大事なのは二回目までの防除である。私の防除暦でいうと五月の二回分で、ここで黒星病とモニリア病の発生を抑えたい。どちらの病気も、発芽して花が咲いた頃が初発時期だからである。ここまでで抑えれば、あとは気温が上がり日照量が増えて乾燥するので、発生は少なくなる。一年の薬剤散布が成功するかどうかは、七〇％以上はこの五月の散布で決まるといってもいいと思う。

カルシウムを混ぜてかける

スピードスプレーヤー（ＳＳ）にもいくつか工夫している。

ＳＳのポンプのホースに磁石をつけている。磁界のなかを通った水は分子が小さくなり、葉への吸収がよくなり、薬剤の効果が上がると思う。また、作物によくかかるように低圧で無風状態のときにかけること、散布ムラをなくすため、毎回走行方向を変えること、など工夫している。ノズルの噴板は田代先生もいうように大きめの霧なしノズルにしたほうがよさそうである。

また、草は薬剤散布の三〜四日前に刈る。草刈りして三〜四日後に虫がリンゴの樹に上がってきたところへ薬剤散布すれば効果は高い。

なお、薬剤散布にはホタテ貝の貝殻粉末を溶かした水を使っている。貝殻に含まれるカルシウム分によって、葉が丈夫になる。また、酸性雨が降ると葉が弱くなるように感じる。これを防ぐためにも、雨の前にカルシウム入りの薬剤散布をする必要があると思う。

これで農薬代は一・六haで三八万円。将来は一〇万円を目指したい。

は期待できませんが、前回の薬剤の残効がすでに切れている場合は仕方ありません。強行します。やればやっただけの効果はあります。

伝染源から胞子があふれ出してくるのは、降雨開始後二〜三時間までがピークです。この間の感染を抑えることができればかなりの効果が期待できます。筆者も落弁期の温州ミカンそうか病対策で雨中散布の高い効果を実感したことがあります。しかし、できるだけ雨中散布を強行しなくてもいいよう、日頃から散布した薬剤の残効を把握しておくことが何よりも必要です。

❖雨が降り続くときには…

殺菌剤の残効が切れかかっているときは、一刻も早く散布しなくてはいけません。雨の合間の短時間に散布を済ませるためには、次のような方法があります。

付着ムラを気にせず、樹冠にサッと散布

短時間で散布を終わらせるには、薬液の到達距離を伸ばさなくてはなりません。霧の細かなノズルでは薬液の遠達性は望めないので、霧なしノズルやピストルノズルを使い、通常よりも散布圧力を高めて散布します。ノズルをつけずにボールコックから直接、薬液を噴出させる方法もお勧めです（「現代農業」二〇〇六年六月号、141ページ、岩本治さんの例）。

また、樹冠の外側にサッと散布します。樹冠の内側にノズルを突っ込んで散布する必要はありません。

SSやレインガン搭載軽トラ散布

雨の合間の散布に限らず、軽トラックが通るくらいの園内道路を整備しておけば、防除や収穫などに大助かりです。SSによる防除はもちろん、軽トラックを低速で運転しながら荷台から前項に示した散布をサッと行なえばSS並みに短時間で散布できます。霧なしノズルを使えばドリフトが少なく、樹冠の上から下への散布になるのでムダがありません。「軽トラック搭載レインガン」の利用もお勧めです（「現代農業」同209ページ、山本弘三さん）。

濃度は適用内でできるだけ濃くする

雨の合間の散布ですから、またいつ雨が降ってくるかわかりません。そうなれば、せっかく散布した薬剤が流されてしまう可能性が高いので、散布濃度は使用範囲内でできるだけ濃くします（63ページ参照）。

❖害虫は雨後散布で対応 ――殺虫剤・殺ダニ剤は雨に流れる

病気の場合と違って、害虫は雨が降っている間は活発に行動することはありません。ということは、加害や増殖が少ないということです。雨によってハダニやその卵が流されてしまうこともあります。雨は害虫にとってマイナス要因です。ですから、殺虫剤を雨の前に慌てて散布する必要はありません。

また、殺虫剤は、殺菌剤と異なり雨に強くありません。耐雨性が低いのです。果樹病害の殺菌剤は耐雨性が向上するような改良が加えられ、進化してきました。これに対し、殺虫剤のほうは速効性をより高める方向で進化してきたため、概して付着性がよくなっています。薬剤の広がりが殺菌剤に比べてよいので付着量は逆に少なく、耐雨性が低くなるという問題があります。これまたデータが少ないのですが、大部分の殺虫剤の耐雨性は五〇mm程度が限度のようです。

ということは、わざわざ雨の前に流されることを承知で殺虫剤を散布するのはまったくムダだということです。雨がやんだあとに散布したほうがいいのです。しかしこれも原則論で、今まさに被害が拡大しているような場合は、雨の前であろうと早急な散布が必要です。できれば、そうならないようにきちんと対応しておくことが重要なのです。

❖雨後散布でも効く殺菌剤もある ――DMI（EBI）剤の大きな効果

殺菌剤は、雨前散布が原則ですが、例外もあります。それは保護殺菌剤のリレー散布に失敗した場合です。保護剤の残効が切れて、なおかつ大量の病原菌の感染がおきたと予想される場合には、雨があがったらすぐに殺菌剤を散布します。病原菌の感染が成立するためには数時間から十数時間が必要です。感染が成立したといっても、病原菌は樹体の表面の浅いところにいます。したがって感染が始まって数日以内なら十分な効果が得られます。

ただ、すべての殺菌剤がこのような性質をもっているわけではありません。またすべての病害で、このような効果が得られるとは限りません。これまでに明らかになっているのは、ブドウ枝膨病に対するストロビードライフロアブルとベフラン液剤25、ナシとリンゴの黒星病に対するDMI（EBI）剤です。

ブドウ枝膨病は感染が始まってから

四八〜七二時間後内までにストロビードライフロアブル、もしくはベフラン液剤25を散布すると、十分に発病をくい止めることができます。

さらにこの期間がもっと長いのがDMI剤です。ナシの収穫直前になって発病して大きな被害をもたらす後期の黒星病対策に、DMI剤が有効なことはよく知られています。

この剤をより有効に使うコツは、黒星病菌の感染初期（この場合の感染初期とは、雨が降り始めてから七日後頃までの期間）に散布することです。あらかじめ散布しておいたのと同等か、もしくはそれ以上の高い効果が得られます。予想外の大雨で保護殺菌剤の効果が失われてしまった場合にもこれを用いることで、その後の発病を抑制することができます。

基本は保護殺菌剤のリレー散布でつないでいくことですが、万一、大雨で多感染がおきたとしても慌てる必要はないのです。

❖混用散布は、雨前？それとも雨後？

これまでに述べてきたことを考えると、殺菌剤と殺虫剤との混用散布はやはり好ましくありません。散布のタイミングが両者では異なっているからです。また、殺菌剤と殺虫剤とを混用すると殺菌剤の残効が短くなることがあります。

しかし、そうはいっても、労力の面から混用散布を行なわざるを得ないのも現実です。その場合は、殺菌剤の使用場面に合わせて殺虫剤を用いることです。このとき、殺虫剤の効果をできるだけ損なわないように雨が予想されるまでの日数を三日以上はあけます。三日という数字に確たる根拠はありませんが、これぐらい雨にあわなければ、殺虫剤（殺ダニ剤）の効果は十分に発揮されると考えられます。

3 農薬の持続期間も雨で決まる

❖防除で一番大事な残効期間

薬剤散布で一番考えなければいけないことは、「残効期間がどの程度あるか」ということです。残効期間を知らずにいて効率的な防除はできません。

残効が切れたあとに病原菌の感染に好適な条件があると、感染が成立し、発病してしまいます。また、連続的に害虫が飛来した場合には加害されてしまいます。防除に失敗する一番の原因は、残効期間を考慮に入れない薬剤散布にあります。

また、残効期間を考えないと過剰な

表5－4　薬剤（殺菌剤）の残効期間と耐雨性の目安

<table>
<tr><th>薬剤（殺菌剤）の種類</th><th>期待できる残効期間
（日）</th><th>耐雨性
（散布後の累積降雨量mm）</th></tr>
<tr><td>ボルドー液</td><td>28</td><td>300～350</td></tr>
<tr><td>ジマンダイセン水和剤
デランフロアブル
コサイドボルドー</td><td>21</td><td>250～300</td></tr>
<tr><td>ペンコゼブ水和剤
エムダイファー水和剤
リドミル銅水和剤
ストロビードライフロアブル</td><td>14～21</td><td>200～250</td></tr>
<tr><td>フロンサイドSC
フジオキシラン水和剤</td><td>14</td><td rowspan="2">150～200</td></tr>
<tr><td>キノンドーフロアブル
ベルクート水和剤
スコア水和剤
アミスターフロアブル10</td><td>10～14</td></tr>
</table>

防除につながってしまうこともあります。前回散布した薬剤の効果が十分に持続しているにもかかわらず、再度散布してしまうムダは省かなければなりません。

❖残効期間は農薬によって違う

散布した薬剤の残効期間を左右するのは、散布後の日数と累積降雨量です。代表的な薬剤（殺菌剤）の残効期間と耐雨性の目安を示しました（表5―4）。「期待できる残効期間」とは、雨がまったく降らなかった場合の効果の持続期間のことです。付着している薬剤の有効成分量は、雨がまったく降らなくても、紫外線による分解や樹体の生長にともなって減少するので、表に示した日数以上の残効期間は期待できません。この間に雨が降ると、残効期間はさらに短くなってしまうので注意してください。

耐雨性の欄の数字は、散布後、実用的な効果がなくなるまでの累積降雨量のことです。本来、効果が期待できる期間内であっても、これだけの雨が降れば薬剤の効果はなくなってしまいます。この表に載っていない薬剤の残効期間や耐雨性については、JAや普及センター、試験場、農薬メーカーに訊ねてください。

表5―4に示した値はあくまでも目安です。樹種と生育ステージ（作物が

伸びている時期、伸びが止まった時期、果実肥大期など）、病気の種類とその発生状況によって変動します。最長でこの程度、と思えば間違いはありません。また、この表の値は適切な散布量が確保され、十分に、そして確実に樹体に薬液が付着しているという条件を満たしている場合のものです。作物の種類や生育ステージに見合う必要量が付着していない場合は、これよりも小さな値になります。さらに、殺菌剤に殺虫剤などを混用した場合は、多くの場合、薬液の表面張力が低下し、付着量が減少します。期待できる残効期間は短くなり、耐雨性は低下するので注意が必要です。

殺虫剤や殺ダニ剤についてはデータが少ないのではっきりしたことはいえませんが、散布後の累積降雨量で五〇㎜程度もてばいいところです。ただし、害虫の場合は累積降雨量が五〇㎜になったからといってただちに次の散布をする必要はありません。感染が長期にわたる病気と違って、多くの害虫は発生や飛来の時期が限られます。また、ハダニ類のように長期に加害が続くものでも、いちど殺ダニ剤を散布すると密度はかなり低下し、それがふたたび上昇してくるまでに長期間を要します。これを薬剤の「真の残効」に対し「見かけの残効」（効果が続いているように見える）といいます（38ページ参照）が、そうした理由によって害虫の場合は、慌てて散布しなくてもよいといえます。ただし、カメムシ類が大量に飛来してくるような場合やスリップス類が連続飛来するような場合には、「真の残効」（カメムシでは吸汁阻害効果、スリップス類では殺虫効果の持続期間）が消失する前の時点で散布しなければなりません。

❖実際の残効期間は雨量で決まる

多くの農家は「防除暦」を参考に農薬を散布しています。また、散布して一週間たったとか、三週間たったという理由で、散布を行なっている人も結構います。しかし、散布した薬剤の残効期間を大きく左右しているのは、散布後の経過日数より散布後の累積降雨量です。たとえば、散布二日後に二〇〇㎜、四日後に三〇〇㎜の計五〇〇㎜の雨が降ったとすると、その時点で散布した薬剤の効果は消失しています。その後の雨で大量の感染が起こり、激しく発病して大きな被害が出てしまいます。「三週間後にまた散布するつもりだった」といっても、後の祭りです。

雨の多いわが国は、薬剤の残効性＝薬剤の耐雨性です（95ページ図5―

じょうごの直径と水量の関係

じょうごの直径（cm）	降雨量50mmに相当する水の量（L）
10	0.39
11	0.48
12	0.57
13	0.66
14	0.77
15	0.88
16	1.01
17	1.13
18	1.27
19	1.42
20	1.57
21	1.73
22	1.90
23	2.08
24	2.26

直径10cmの0.39Lとは，390ccまたは390cm³。重さでは390g

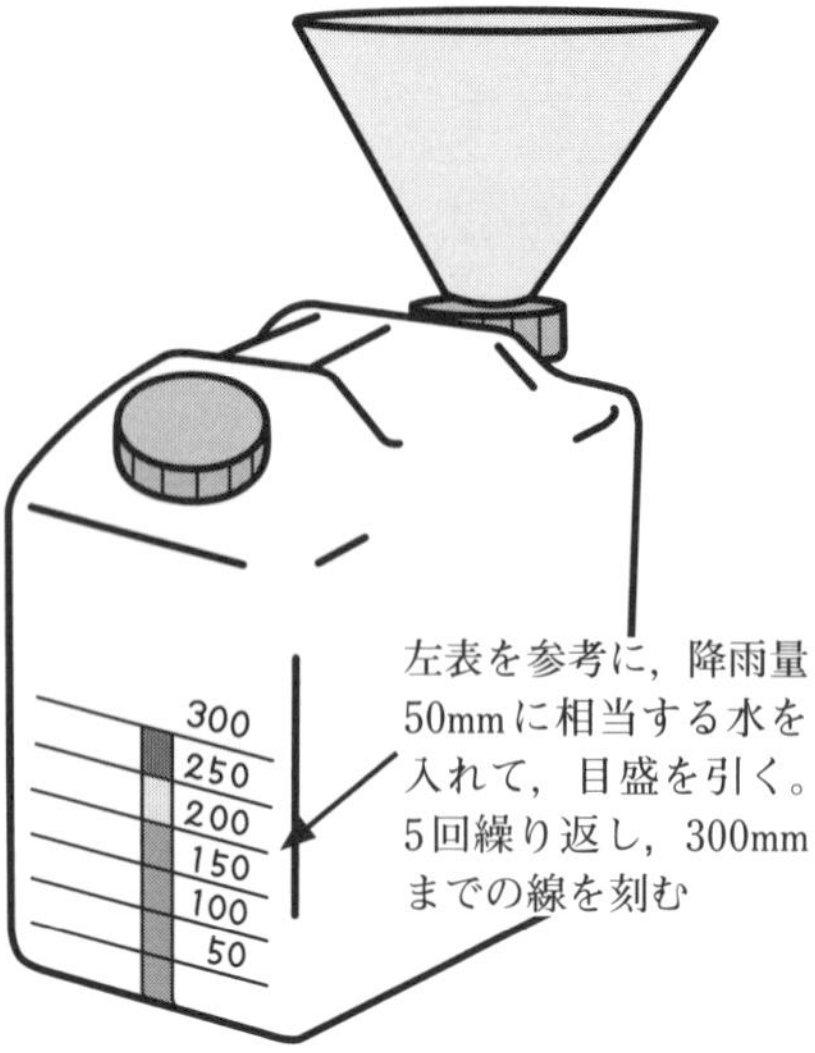

300
250
200
150
100
50
左表を参考に，降雨量50mmに相当する水を入れて，目盛を引く。5回繰り返し，300mmまでの線を刻む

図5−6　防除適期がわかる雨量計

写真5−1　防除適期判定雨量計
ポリタンクは何でもよい。上の図のように用意できたら，園地や庭先に水平に置き，ブロックなどで固定する

3）。ここに、薬剤を散布したあとの降雨量を測る大切さがあるわけです。付着薬量を分析してその残効を調べるのは、高度な分析機器がないことには簡単にできません。しかし、散布後の降雨量を測って残効を推定することは誰にもできます。

降雨量は地域や場所によってかなり違うので、自分できちんと測らなくてはいけません。地域の気象台やアメダス地点のデータは残念ながら役に立ちません。あくまでも自分の園地での降雨量が大事です。そこで役に立つのが、「防除適期判定雨量計」です（図5—6、写真5—1）。

❖「防除適期判定雨量計」のつくり方、使い方

準備するもの

①じょうご：直径二〇〜二四cm程度あるものが望ましい。これより小さいと誤差が大きくなるが、手に入らないときは小さくてもかまわない。
②ポリタンク：内部にたまった雨の高さ（水位）が透けて見えるようなものであれば形はどんなものでもかまわない。使いやすいのは円筒形や四角いもので、灯油や水用のポリタンク、マシン油の空き缶（樹脂製）などが使える。
③ビニールテープ：赤、青、黄の三色。
④メスシリンダーまたは計量カップ：ないときは台秤でも間に合う。水は体積と重さが同じ値になるので。
⑤定規、マジックインキ、接着剤

つくり方

①準備したじょうごで降雨量五〇mmに相当する水の量をメスシリンダーで測る（じょうごの直径によって五〇mm相当量の水は異なる。図5—7中の表を参照）。直径二四cmのじょうごでは二・二六L（二二六〇cc、cm^3）になる。重さの場合は二二六〇g（二・二六kg）。
②測った水を水平に置いたポリタンクに入れ、水面の高さに鉛筆で線を引く。これが降雨量五〇mmの線になる。
③①と②を五回繰り返し、三〇〇mmまで五〇mm刻みの線を入れる。
④マジックインクで線と降雨量の数字を書き込む。
⑤赤、黄、青のビニールテープを貼る。これは、信号機に見立てて、累積降雨量を「まだまだ散布の必要がない安全な青」「そろそろ散布の準備に取りかかる黄」「早急に散布しなければならない赤」に分ける。青〜黄が〝薬剤の耐雨性〟なる。どこからを赤に、あるいは黄にするかは、薬剤の種類によって違ってくる。たとえば、カンキツの黒点病対象のジマンダイセン水和剤の場合は赤二五〇〜三〇〇mm、黄二〇〇〜二五〇mm、青〇〜二〇〇mmとなる。ほかの薬剤については表5—4を参考にする。
⑥じょうごを取り付ける。ねじ込むことができればそれで十分。できないときは接着剤などで動かないように固定。

設置場所

園地、庭先などに置く。いつも目につくところがいい。水平に設置し、強風で倒れないように両側をブロックなどで押さえておく（図5—6）。

使い方

一回目の散布が終了した時点からの累積降雨量を調べる。所定の量に達した時点で二回目の散布を行なう。この散布が終わった時点で容器内に溜まっている雨水を捨てて空にする。その後、同様に所定の降雨量になった時点で次の散布を行なう。

ただし、所定の累積降雨量に達していなくても、期待できる残効期間（日数）を過ぎるようであれば、その時点でただちに次の散布を行なう。

また、雨の情報に敏感になることも大切。どのくらいの雨が降るかという予想は、散布時期を考えるうえでとても重要である。たとえば、耐雨性三〇〇mmの殺菌剤を散布してのち、累積降雨量が二五〇mmに達しているとする。そろそろ次の散布計画を立てなくてはならないが、雨の予報が出ていて五〇mm、あるいは一〇〇mm以上の多雨が予想されている場合には、早急に雨前に散布することが必要になる。降雨中に前の散布薬剤の残効が一気に失われてしまうことになるからだ。しかし、一〇mmや二〇〜三〇mm程度の降雨予測なら降ったとしてもまだ累積で三〇〇mmには届かないので、慌てて散布する必要はない。

この防除適期判定雨量計を導入すると、薬剤散布に対する考え方が変わってきます。表5—5に雨量計を導入した地区と、導入していない地区の薬剤散布に関する意識調査の結果を示しました。導入地区でも雨量計はまだ五戸に一戸の割合でしか入っていませんが、従来の「防除暦」に頼った散布から脱却しつつあることがわかります。未導入地区では、八割強が「防除暦」に頼っていますが、導入地区で「防除暦」に頼るのは半分に満たず、七割弱が散布後の累積降雨量や散布後の日数を考えた散布を行なっています。

表5－5　散布時期の決定要因の比較

カンキツ黒点病に対する薬剤散布時期の決定要因	防除適期判定雨量計の導入	
	未導入地区	導入地区
長年の経験とカン	2.5	6.4
防除暦	83.5	47.9
散布後の累積降雨量	34.2	55.0
散布後の日数	7.6	12.6
他人のまね	0	4.3

注）導入地区は5戸に1戸の割合で防除適期判定雨量計を使用している。実際に降雨量を測っているのは導入地区20.7％，未導入地区6.3％。それにもかかわらず両地区ともに散布後の累積降雨量を目安にしている方の割合が高くなっているのは，近所の雨量計のデータを利用しているから。他人のまねについても同様で，近所の雨量計を利用していることによる

入手先・価格など

材料はすべてJAやホームセンタ

ー、金物屋、一〇〇円ショップなどで購入できる。価格はすべて込みで一五〇〇円から二〇〇〇円程度。既存の容器などを利用すればさらに安価でつくることができる。

〈理解度チェック〉

□病気の大部分は雨によって広がる

□散布した薬剤は降雨によって流されてしまう

□殺菌剤散布は雨前散布が効果的

□散布後の累積降雨量を測ることで残効を推定できる

□防除適期判定雨量計を利用する

Ⅵ 防除の武器を使いこなす

1 展着剤を効果的に使う

「展着剤ってどんな働きがありますか?」と尋ねても正確に答えられる人はあまりありません。しかし、「展着剤を使いますか?」と訊くと、ほとんどの人が「使います」と答えます。「じゃあ、展着剤を加えると効果が高まるのですか?」との問いには、「たぶん、そうだと思うけど、……詳しいことはわかりません」となります。そこでまずは展着剤について、基礎的なことから押さえていきましょう。

❖展着剤は三つに分けられる

そもそも展着剤とはつかみどころのない言葉です。それはこの言葉に二つの相反する意味が含まれているからです。一つは、「薬液を展ばす→広げる」、もう一つは「着ける→くっつける」という意味で、両方を満足させることのできる展着剤というものは存在しないのです。

展着剤が薬剤の効果を向上させる、あるいは安定させるという意味で補助的な働きをするならば、「補助剤」とでもいうべきで、さらにそれぞれを性質と機能に基づいて、

①展開剤：拡散剤（スプレッダー）
②固着剤：のり剤（スティッカー）
③機能剤：アジュバント

の三つに分ければよいわけです。これは私が便宜的に分類したものですが、展着剤というつかみどころのない曖昧な表現はやめて、それぞれの性質に基づく呼称へと改めていくべきだとつねづね思っています。そこで以下では、この分類にそって記述していきます。つまり、これらは農薬の分類上「展着剤」とひとくくりにされていますが、それぞれの性質は大きく違っているのです。

❖三つの展着剤の性質

展開剤は、濡れ広がる性質を高めてやって樹体等の表面を薬液でムラなく覆う（スプレッド：広げる）性質、固着剤は、薬剤を樹体などに強くくっつける（スティック：糊、くっつける）性質をもっています。もう一つの機能剤は、薬液をムラなく広げるとともに、病害虫や樹体などへのしみ込みを容易にする両方の性質をもっているとされています（私は機能剤の効果をあまり評価していませんが）。

したがって、固着効果を必要とする場合に展開剤を使っても狙った効果は得られませんし、その逆の場合も同様です。こうしたことが十分に理解されずに安易に使って防除効果をかえって落としたり、十分な効果を上げられずに、経費のムダ遣いになったりしている例が多く見られます。

現在、「展着剤を混用すれば防除が何となくうまくいく」とか「薬剤散布時には展着剤を加えるものだ」というような考えが一般的ですが、これでは効果的で効率的な防除を行なうことは望むべくもありません。

なお、市販の展着剤には三つの成分が一つだけ含まれていることは少なく、少しずついろいろの割合で混合されています。そのためにさらに特徴のないものになっているといえます。

❖効果は薬剤が効力不足のときに現われる

展開剤や固着剤の加用効果は、薬剤の効果がそれだけの散布で十分に高いときには基本的に現われません。薬剤の効果が不十分な場合や思わぬ大雨にあったとき、散布間隔が予定よりも長くなってしまったときなどにのみ、その効果を実感できます。

つまり、固着剤は散布間隔を長く取りたいとき（散布回数を少なくしたいとき）や、梅雨期間中の大雨に備える場合に加用の意味がありますし、展開剤は薬剤だけでは効果がいまいちの場合（いわゆる二流の薬剤）に加用して、一・五流程度にまで効果を高めるという点で意味があります。

❖付着薬液量は大幅減になる

展開剤や固着剤を薬剤に加用すると、薬液の付着量は減少します（アビオンEは除く、表6―1参照）。その程度は、含まれる有効成分と希釈倍数によって大きく違ってきます。とくに展開剤であるプラテン80やサントクテン80、機能剤とされるアプローチBI、ニーズ、スカッシュでは大きく減少し、薬剤単独散布の場合の三分の一から七

表6−1　展着剤を加えると薬液付着量は大きく減る

展着剤の種類	分類型[a]	成分量	希釈倍数	付着薬液重量の比較[b]
アビオンE	L	24%	1,000	114.3
グラミン	A+H	10+6=16%	10,000	80.0
ハイテンパワー	D	30%	5,000	72.2
シンダイン	A+I	10+10=20%	5,000	64.9
グラミンS	A+D+H	15+5+4=24%	10,000	64.5
トクテン	A+D	15+5=20%	10,000	64.1
スプレースチッカー	E	70%	2,500	62.8
S-ハッテン	A+H	24+5=29%	10,000	60.5
ヤマト展着剤	A+D+H	15+5+5=25%	10,000	59.3
マイリノー	C	27%	10,000	54.7
ベタリン-A	A	20%	5,000	53.0
ハイテンA	B2	30%	10,000	52.0
特性リノー	A+I	20+12=32%	5,000	50.4
バンノー展着剤	A+I	20+12=32%	5,000	49.7
クミテン	A+H	20+6=26%	5,000	49.6
展着剤アイヤー20	A+D	10+10=20%	3,000	47.3
新グラミン	A+B1+I	10+10+12=32%	3,000	45.7
展着剤アグラー	A	20%	5,000	44.4
アドミックス	A	36%	5,000	44.4
ネオエステリン	A+D+E	20+5+5=30%	5,000	41.7
K. Kステッカー	E	70%	2,500	40.8
アプローチBI	F	50%	1,000	33.8
ニーズ	D+K	44+18=62%	1,000	32.3
スカッシュ	F1	70%	1,000	26.4
サブマージ	未分類	50%	3,000	25.6
プラテン80	B1	80%	5,000	19.2
サントクテン80	B1	80%	5,000	17.2
ダイコート	A+J	30+9=39%	2,000	14.7
ミックスパワー	A+B2	40+40=80%	3,000	13.2

a）展着剤に含まれる有効成分を以下の記号で便宜的に示した。
A　:ポリオキシエチレンアルキルフェニルエーテル
B1　:ポリオキシエチレンドデシルエーテル
B2　:ポリオキシエチレンアルキルエーテル
C　:ポリアルキルグリコールアルキルエーテル
D　:ポリオキシエチレン脂肪酸エステル
E　:ポリオキシエチレン樹脂酸エステル
F　:ポリオキシエチレンヘキシタン脂肪酸エステル
F1　:ソルビタン脂肪酸エステル
H　:ポリナフチルメタンスルホン酸ナトリウム
I　:リグニンスルホン酸カルシウム
J　:ジオクチルスルホコハク酸ナトリウム
K　:ポリナフチルメタンスルホン酸ジアルキルジメチルアンモニウム
L　:パラフィン
b）ジマンダイセン水和剤400倍単用散布の場合の薬液付着重量を100としたときの割合

分の一程度になっています。これでは残効が短くなるので、雨媒伝染病害に対する効果はガタ落ちです。しかし、薬液被覆率は高まり、散布ムラが少なくなるので、風媒伝染病害や微小害虫には効果的です。

固着剤とされるスプレースチッカーやKKステッカーでも付着量は減っていますが、パラフィン系剤のアビオンEは唯一、一割以上も、付着薬液量が増加しているのが特徴です。

❖では、展着剤の効果は？

薬液の付着の仕方と防除効果

写真6―1を見てください。ナシ（二十世紀）果実にデラン水和剤一〇〇〇倍を散布したところです。右と左で薬液のつき方がまったく違っているのがわかります。右は展開剤サントクテン80を五〇〇〇倍になるように加えた場合です。これを模式化したのが図6―1です。

「どちらのつき方のほうが防除効果は高いでしょう?」という質問に対して、ほとんどの人は「右（B）」と答えます。農薬メーカーの人でさえ、「右」です。その理由を尋ねると、「まん遍なく、よく薬液が付着しているから」となります。では、もう一つの質問、「薬液の付着量が多いのはどちらでしょうか?」に対しても、同じように大部分の人が「右（B）」と答えます。

しかし、正解は「雨媒伝染病害に対しては左側（A）のつき方が効果が高く、風媒伝染病害と害虫に対しては、右側（B）のつき方のほうが効果が高い場合もある」です。逆にいうと、左のつき方では、風媒伝染病害と害虫に対しては効果が低い場合があり、右のつき方では雨媒伝染病害に対して効果がきわめて低いことになります。また、薬液は左が圧倒的に多くついています。

付着量と被覆率を考えれば…

雨媒伝染病害では、付着している薬剤の量の多少が防除効果を大きく左右します。薬剤が多くついていればいるほど効果が高く（耐雨性が高まる、残効が長くなる）、その逆の場合は効果は低くなります。写真6―1の場合、薬液重量を測定すると、左は右の五倍もの重さになっています（付着薬剤成分を分析しても同じ結果です。118ページ図6―4参照）。ということは、展開剤を混用すると単用散布の五分の一の付着量になってしまい、残効はあっという間に切れてしまいます。実際に防除効果も落ちます。

では、固着剤を使えばいいかというと、わが国で使用される殺菌剤は耐雨性の向上を目指したものが多く、わざわざ固着剤を加用する必要はありません。より積極的に、残効期間を長くしたい場合は使う意義がありますが。

これに対して、風媒伝染病害とすべての害虫は樹体や虫体に付着する薬液の被覆率が効果を大きく左右します。このため、薬剤の付着量が多くても、被覆率が低いと防除効果は不十分な場合があります。薬液が付着しないところにいる害虫、とくに微小害虫には薬剤の効果は現われないし、そこに空気伝染病害の胞子が飛んでくると、すぐ

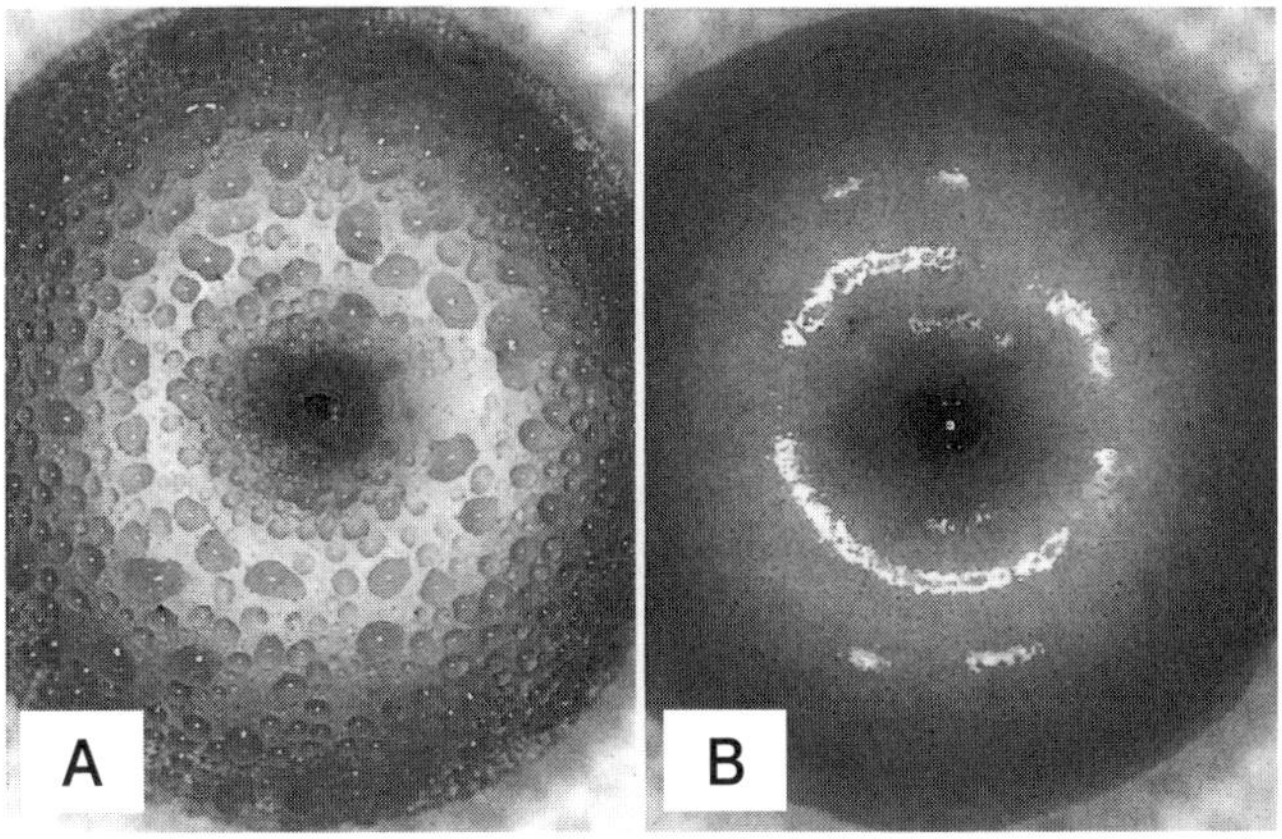

写真6－1　展開剤を加用した場合の薬液付着状況の変化
A：薬剤単用，B：湿展剤加用

展開剤サントクテン80を5000倍となるようにデラン水和剤1000倍に加用して散布する（右）と，薬液の付着状況は主剤単独散布（左）に比べて大きく変化する。この場合，防除効果や残効はどのような影響を受けるのだろうか

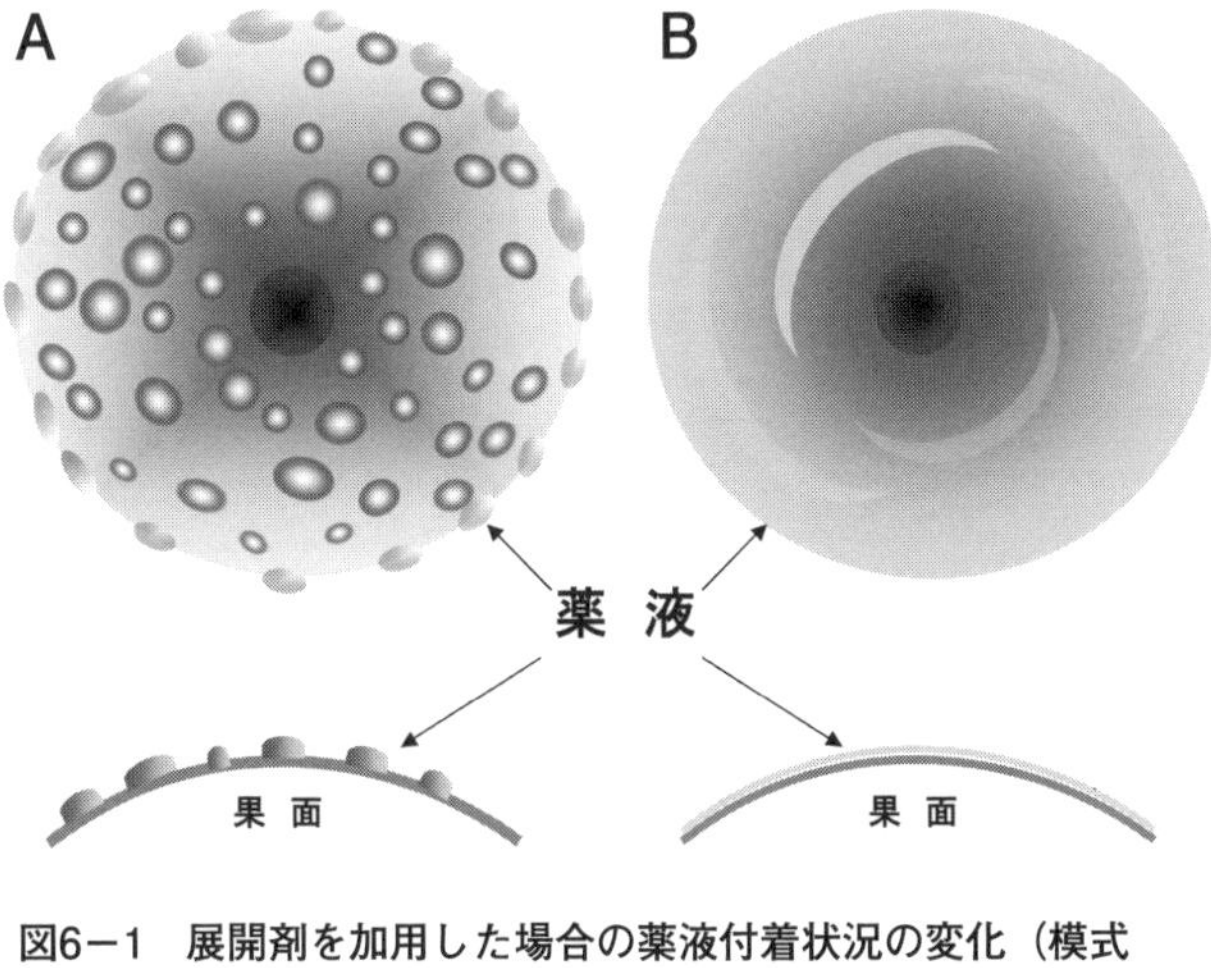

図6－1　展開剤を加用した場合の薬液付着状況の変化（模式図）

Aのデラン水和剤1000倍単用散布では薬液の隙間がたくさんあるのに対して，Bの展開剤を加えた場合にはまん遍なく広がった薬液が果実全体を覆っている。しかし，付着している薬液の量は展開剤を加えることで約1/5に減少している

に感染がおきてしまいます。これではせっかく薬剤を散布しても防除効果は期待できません。実際、殺虫剤や殺ダニ剤はできるだけ被覆率を高めるような処方になっています。ということは、あえて展開剤やその他の目的がはっきりしない展着剤を加える必要はないということです。展開剤を加えると、付着薬液量が大幅に少なくなるので、残効が短くなってしまうからです。

以上のように、わざわざ存在理由のない展着剤なるものを薬剤に加える必要はないし、目的がはっきりした展開剤や固着剤でも積極的に使う必要はそれほどありません。

ただし、ある種の薬剤と病害虫との組み合わせでは展開剤や固着剤を使うことで防除効果が大幅に向上します。以下、それらについて具体的に説明していきます。

❖保護殺菌剤で有効な固着剤

固着剤とは薬剤をくっつける「のり」の働きをするものです。「のり」の力によって薬剤を固着させ、多雨や長雨のときでも防除効果を低下させず、長引かせる働きが期待されます。このため、降雨時に伝染して感染・発病する、カンキツの黒点病やそうか病、ナシの黒星病や輪紋病、ブドウの黒とう病やべと病、枝膨病、カキの炭そ病、モモせん孔細菌病などの防除で有効です。

わが国では現在、果樹病害虫防除の場面で殺菌剤に加えると効果の向上が期待できる剤として、パラフィン系展着剤（ペタンＶやアビオンＥなど）とポリオキシエチレン樹脂酸エステル系展着剤（スプレースチッカーやＫＫステッカー）の二種類があり、これらの効果について説明します。

パラフィン系展着剤

パラフィン系展着剤はパラフィンを界面活性剤で乳化させたもので、樹体の表面にワックス層をつくって薬剤を固着させる作用があります。

①ペタンＶ

ミカンの黒点病防除剤の一つであるエムダイファー水和剤にだけ混用できます。ほかの殺菌剤には混用できません。八〇〇～一〇〇〇倍になるように加えると、エムダイファー水和剤単独散布の場合に比べて防除効果が向上します。しかしその程度は、エムダイファー水和剤とジマンダイセン水和剤との効果の差と同程度です。つまり、エムダイファー水和剤＋ペタンＶの効果＝ジマンダイセン水和剤の効果ということです（図6―2）。どうしてもエムダイファー水和剤を使わないといけないような場合、たとえば、降雨量が多くて、ジマンダイセン水和剤を使用基準の四回散布してしまった。しかし、さらに黒点病に対する防除が必要というときはエムダイファー水和剤にペタンVを加える意義はあります。

ただし、高温時期の散布は薬害の心配があるので梅雨期までの散布になります。逆にいうと、梅雨時期にジマンダイセン水和剤の替わりにエムダイファー水和剤+ペタンVの散布を一回でもやっておくと、その後の防除計画が立てやすくなります。

図6−2　エムダイファーにペタンVを加えてもジマンダイセンの効果と同じ

②アビオンE

パラフィン系展着剤のなかでも多くの作物に広く利用でき、さらに有機JAS栽培および特別栽培でも使用できるメリットがある固着剤です。その混用効果は、これまで行なわれた防除試験の結果から無機銅剤への加用効果がすぐれていることがわかっています（図6—3）。また、有機銅水和剤への混用でも、病害によっては防除効果が向上します（表6—2）。

○ブドウべと病防除でICボルドーへ混用

ブドウべと病に対して、散布する殺菌剤が有機銅水和剤の場合はアビオンE乳剤の加用効果はありません。相性が悪いのでしょうか。しかし、無機銅剤であ

図6−3　アビオンEと無機銅剤は混ぜると効果が高いが，有機銅剤は場合によりけり

表6－2　アビオンEを混用した場合の防除効果の向上程度（推定値）

対象病害	散布殺菌剤と希釈倍数	アビオンEの希釈倍数	研究事例数	殺菌剤単独散布と比べた場合の発病割合
ナシ黒斑病	キノンドー水和剤80 1,200倍	1,000倍	4	77%
ブドウべと病	ICボルドー66D　50倍	1,000倍	6	56%
モモせん孔細菌病	ICボルドー412　30倍	1,000倍	4	53%
リンゴ斑点落葉病	オキシンドー水和剤80 1,500倍	1,000倍	4	58%

るボルドー液に対してはアビオンE乳剤一〇〇〇倍の加用で大幅に防除効果が向上します。ICボルドー66D五〇倍の単用散布に比べ、六割程度にまで発病が抑えられるという試験結果が得られています。これはかなりの効果だといえます。このため、これまでと同程度の防除効果でよければ散布回数を減らすことも可能になります。つまり、散布後から次回散布までの累積降雨量を、これまでより五〇mmは多くとることができます（散布後の累積降雨量は防除適期判定雨量計でチェックします）。

○モモせん孔細菌病防除でICボルドーへの混用

モモせん孔細菌病に対する秋季の防除において、ICボルドー412三〇倍にアビオンE一〇〇〇倍を混用するとICボルドー412の単用散布の場合の五割程度まで発病が抑えられます。単独散布の半分の発病ですから、混用効果はかなり高いといえます。

○ナシ黒斑病防除でキノンドー水和剤80へ混用

ナシ黒斑病の防除に広く使用されているキノンドー水和剤80一二〇〇倍にアビオンE一〇〇〇倍を混用すると、キノンドー水和剤80単用散布の場合の八割程度にまで発病が抑えられます。

○リンゴ斑点落葉病防除でオキシンドー水和剤80へ混用

リンゴ斑点落葉病の防除に広く使用されているオキシンドー水和剤80一五〇〇倍にアビオンE一〇〇〇倍を混用すると、オキシンドー水和剤80の単用散布の場合の六割程度にまで発病が減少します。これもかなりの向上といえます。

無機銅剤や有機銅剤以外の殺菌剤にアビオンEを混用して効果が向上するかどうかについては、まだ試験事例数が少ないこともあって明らかになっていません。しかし、アビオンEの混用による防除効果の助長傾向は見られます。さらに試験事例が増えていけば、そのあたりもはっきりしてくると思われます。

樹脂酸系展着剤

樹脂酸を原料とするエステル型の非イオン性界面活性剤には固着機能があり、スプレースチッカーやKKステッカーは有機銅水和剤と混用散布することで防除効果を高めます。有機銅水和剤はもともと黒点病に対する防除効果がジマンダイセン水和剤ほどには高くない（耐雨性が低い）ので、固着剤の効果が現われやすいのです。黒点病防除剤としてジマンダイセン水和剤を使用できない輸出ミカンには、加用する意義があります。

また雨が多くて、散布後の累積降雨量に基づいた散布ができず、散布間隔が長くなることが予想される梅雨期の散布のような場合（防除効果が低くなる場合）にもジマンダイセン水和剤やエムダイファー水和剤に混用して、それぞれの散布効果を上げることができます。

本剤はミカンのそうか病防除剤であるベンレート水和剤などに対しても加用効果がありますが、ベンレート水和剤などそのものの効果が耐性菌出現のために低下している園地では、使える状況にありません。

固着剤を上手に使うには

固着剤を殺菌剤に混用する目的として、①防除効果をこれまでよりも高めたい（きれいな果実をつくりたい）、②散布間隔をこれまでよりも長くとって（次回散布までの累積降雨量を、これまでよりも長く設定して）、散布回数を減らしたい、③思わぬ大雨や長雨があっても防除効果を低下させたくない、の三つがあります。ただ単に混用するのではなくて、自分がこのうちのどれを狙っているのか、目的をはっきりさせて使うことが大切です。②と③は結果的には同じことになりますが、ともに防除適期判定雨量計を活用することによって、最適な防除ができるというものです。

なお、殺虫剤と固着剤の混用についての研究事例は少なく、これまでのところ効果を助長するというはっきりした結果は得られていません。

❖展開剤が有効になるのは

ナシ黒斑病は「二十世紀」などの最重要病害です。本病に対してポリオキシン水和剤やロブラール水和剤はすぐれた効果を示しますが、それらに対する耐性菌の出現とその密度上昇のために、効果が不安定な場合も出てきています。そこで、これらの薬剤にばかり頼らず、より多くの薬剤を用いることによって防除効果の安定と耐性菌密度の上昇を抑制していく必要があります。たとえば、ナシの各種病害予防剤として使用されることの多いデラン水和剤の活用も一方法です、しかし本剤は、ナシ黒斑病に対する登録薬剤でありながら、その防除効果はこれまで十分ではありませんでした。

薬液の被覆率を向上させる

なぜかというと、デラン水和剤は、薬剤の付着量を増加させることによって耐雨性を高めるという方向で製剤の改良が施されてきたからです。このため、薬液の表面張力がとくに高く、本剤をナシ果実に散布すると、113ページの写真6―1のAや図6―1のAのような状態になってしまいます。つまり玉状に付着するため、果面に付着する有効成分量は多くなるものの、一方で果面には薬液の付着しない隙間の部分を多く生じてしまうのです。

カンキツ黒点病やブドウ枝膨病、ナシ黒星病、輪紋病など雨媒伝染病害に対してはすぐれた効果を示すのに対し、ナシ黒斑病のような風媒伝染病害に対しては効果がもう一つです。このことがデラン水和剤の黒斑病に対する防除効果が不十分になっている原因です。

そこで、この欠点を改善するために、薬液を広げる性質にすぐれている展開剤を利用してみたらと取り組んでみました（サントクテン80 五〇〇〇倍加用）。結果はどうだったでしょうか？

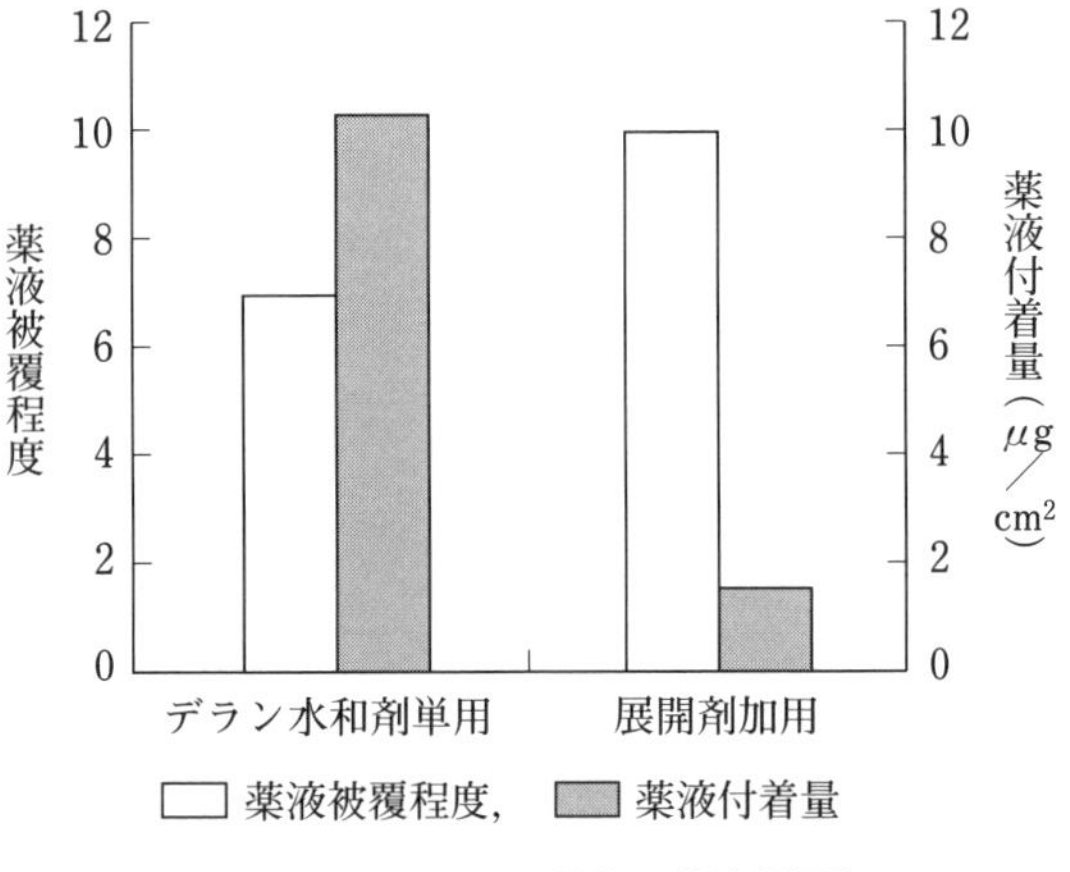

図6―4　展開剤を加用した場合の薬液被覆程度と薬液付着量の変化

薬液被覆程度は 0 から 10 までの 10 段階で調査，展開剤を加用すると被覆程度は 10 で，果実全体が薬液で覆われているのに対して，薬剤単用では全体の 7 割が覆われているに過ぎない。一方，薬液付着量は薬剤単用の 10.3 μg/cm² に対して展開剤加用ではその 1/6 以下の 1.6 μg/cm² と激減している

図６―４に示すように、デラン水和剤を単用で散布した場合、被覆程度は七・〇ときわめて不十分な被覆状況でした。これでは満足のいく防除効果は得られません。しかしこれに展開剤を加用すると、113ページの写真６―１や図６―１のＢに示すように薬液が果面全体にムラなく広がって付着する状態になり、被覆率は大きく改善されます。風媒伝染病害である黒斑病に対する防除効果の向上が期待されます。ただしこの場合、薬液の表面張力が大きく低下するので、薬液付着量のほうは薬剤単用の場合に比べて約六分の一に減少しています（図６―４参照）。

ナシ黒斑病の防除効果も向上

これまでに一二回の試験で、デラン水和剤単用散布では一二例中三例でまったく効果が得られず、二例ではきわめて低い防除効果でした。黒斑病に登録があるにもかかわらず不十分な効果といわざるを得ません。

一方、展開剤を加用すると、一二例中八例で予想どおりに防除効果が向上し、これらの結果を統計的に処理して判定したところ、単用散布の場合の三～一二％の発病率にとどまっていました。展開剤を加えるだけでこれだけ効果が向上するのですから、本当に驚きです。

しかし、薬液の被覆率が高まる展開剤なら何でもよいというわけにはいきません。たとえば、アプローチＢＩなどの機能剤、いわゆるアジュバントをデラン水和剤に加用すると、果実に褐色リング状の薬斑を生じることがあるので、これらの剤は使えません。

展開剤の加用による防除効果の低下原因（展開剤の欠点）

以上のように、展開剤の利用によって、風媒伝染病害のナシ黒斑病に対するデラン水和剤の防除効果は大幅に向上しました。しかし、なかには防除効果が低下した例や向上しなかった例もあります。この原因は、多雨条件下で薬剤成分の流亡が早くなったためと考えています。どの程度の降雨量までなら防除効果の低下を招かずに済むのか、ということについて、これまでの結果から判断すると散布後の降雨量が六〇mm程度までであれば、展開剤の加用効果は十分に得られると考えています。

降雨が多い条件下での使用は難しい展開剤ですが、ハウス栽培ではその利用価値は大きくなります。黒斑病にきわめて弱い二十世紀ナシのハウス栽培で本病が多発して問題になる園地が多くありました。しかし今回示したような展開剤の利用を進めることで十分な防除効果が得られ、その効率化に寄与しています。

〈理解度チェック〉

□展着剤は展開剤、固着剤、機能剤の三つに分けることができる

□展着剤を加用することで、薬液付着量が減少する

□雨媒伝染病害防除剤には展着剤は原則として加用しない

□雨媒伝染病害防除剤に展着剤を使うとすれば、それは固着剤である

□風媒伝染性病害や微小害虫が防除対象のとき、展開剤は有効なときもある

2 ノズルしだいで防除効果は大きく変わる

ノズルには数多くの種類があり、そのの選択が大変重要です。どのようなノズルを使うかで、散布に要する時間や薬液量、樹体への付着状況、ドリフト（飛散）量、薬液被曝量（散布者が浴びる薬液の量）、そして防除効果が大きく変わってくるからです。

❖ノズル選択の基本

何といっても防除効果
――遠達性と付着量のよいものを

散布した薬剤の防除効果を左右するのはその量ではなくて、樹体への付着量です。したがって、散布量が多くてもドリフト量が多かったり、薬液の遠達性が悪くて付着量が少ないと、十分な効果は得られません。逆に、散布量は少なくても薬液がたくさん付着していれば効果は高くなります。つまり、薬剤散布にあたって大事なのは、薬液付着量をいかに増やすかということです。そして薬液付着に大きく影響するのはドリフトです。ノズル選びでは、このドリフトをできるだけ少なくして樹体への付着量を高めるものに注目します。

あとで詳しく述べますが、この目的にかなうノズルは「ドリフト低減ノズル」です（写真6―2、3）。このノズルは、薬滴を大きくしてドリフトを少なくするとともに、薬液の遠達性を高めてあり、温州ミカンの黒点病防除では霧が細かいノズル（「新広角改良タテ二頭口」）に比べて半分の散布量で同等の効果が得られています。逆にいうと、霧が細かいノズルだとドリフト

量が多くなり、十分な防除効果は得られないということになります。

薬剤の防除効果を左右するもう一つの要因が、薬液の被覆率です。どれだけムラなく樹体の表面を薬液が覆っているか、ということです。風媒伝染病害や害虫では、どこに感染するか、加害するかが、風まかせ、害虫まかせです。このため、病害対策では葉や枝、果実をまん遍なく薬剤で覆い、害虫駆除では害虫がどこにいても虫体に薬液が確実にかかることが求められます。この場合、理論的には霧の細かいノズルを使ったほうがよさそうですが、実際には薬液がドリフトしやすく、かえ

左の三つがドリフトの少ない霧なしノズル，右が一般的な霧ありノズル
（赤松富仁撮影）

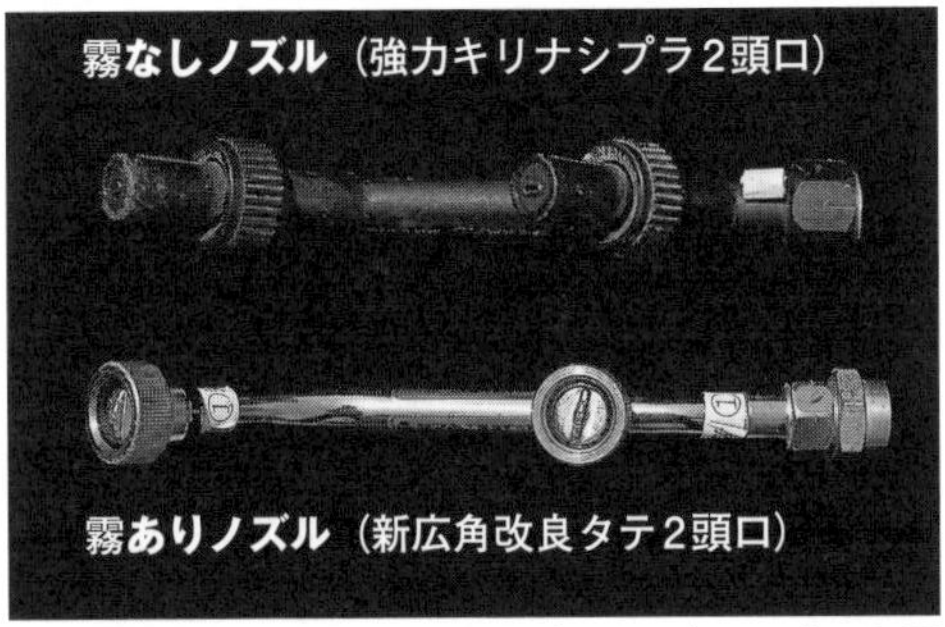

写真6−2　ドリフト低減（霧なし）ノズルと霧ありノズルの噴霧状況と構造の違い

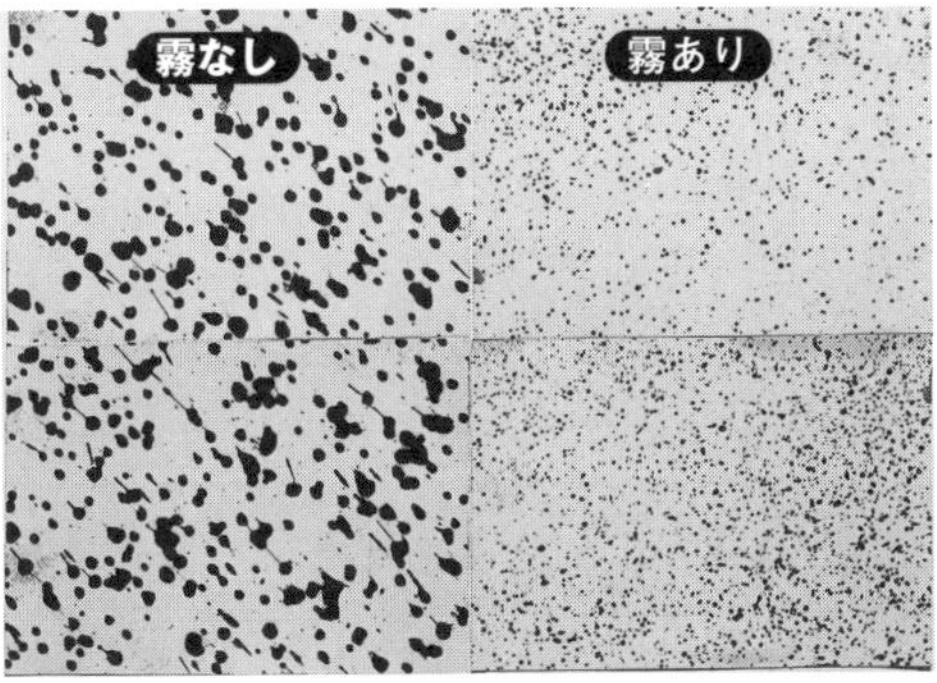

写真6−3　ドリフト低減（霧なし）ノズルと霧ありノズルの薬滴の大きさの違い

霧なしの薬液粒子は霧ありの粒子に比べて10倍以上大きく，勢いがある。樹冠の中にもよく入るし，少々の風が吹いても流されにくいから，狙ったところにかかりやすい

ってムラがおきて思ったほどの効果を上げることができません。とくに散布時に風の影響を受けることが多い露地栽培では、風媒伝染病害や害虫に対する効果は「ドリフト低減ノズル」より劣ってしまいます。この傾向は散布量が少ない場合に顕著です。霧の細かいノズルで防除効果を高めるには、樹冠の内部にノズルを突っ込んで枝の一本一本を洗うようにていねいに散布しなければなりません。しかしそれでは、手間も時間も、薬液量もたくさんかかって大変です。

快適さと安全性も追求できるものを選ぶ

ノズル選びでは散布者の快適性や安全性の視点も重要です。ドリフトによる散布者の薬液被曝は、快適で安全な薬剤散布を行なうために改善しなければならない問題です。ここでも「ドリフト低減ノズル（強力キリナシプラ二頭口）」を使用すれば、霧の細かなノズルに比べて確実に薬液の被曝量は減少します（図6—5、表6—3）。薬剤散布時に薬液を浴びる量が大幅に少ないことで、畑や園周辺へのドリフト量が大きく低減していることが実感できると思います。

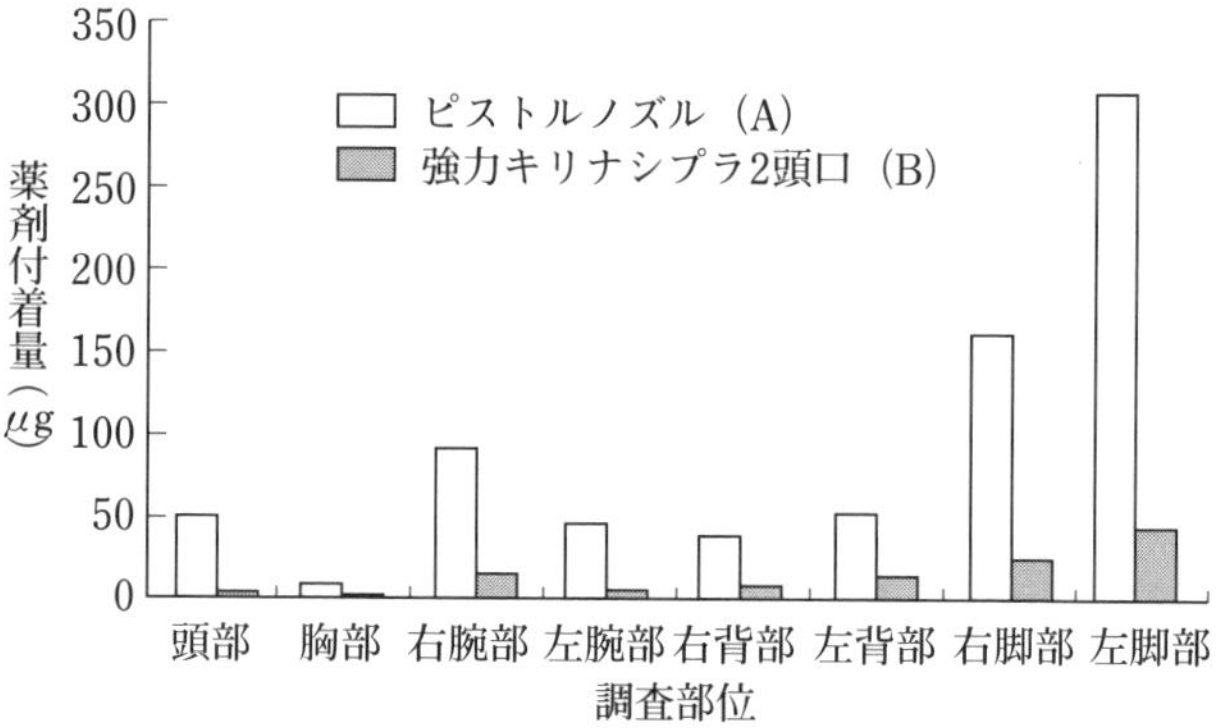

図6−5　ノズルの種類による散布者の部位別薬液被曝量の違い
温州ミカン園での銅付着量の調査結果

表6−3　使用ノズルの違いと散布者の薬液被曝量との関係

部　位	ピストルノズル（A）	強力キリナシプラ２頭口（B）	B/A（%）
全身推定付着量	761.2	121.1	15.9
推定吸入量	0.37	0.04	10.8

注）表中の数字は銅の付着量（μg）

お勧めはドリフト低減ノズル

以上、防除効果と散布者の薬液被曝、ドリフト対策の面から、今後は「ドリフト低減ノズル」を積極的に利用すべきです。雨媒伝染病害のみならず、風媒伝染病害や微小害虫に対してもこのノズルで十分な効果が期待できます。ただし、病害虫に対して活性がやや劣る薬剤を使用した場合、ドリフト低減ノズルだと効果が不安定になることもあるので、その場合は散布量を増やし、散布ムラをできるだけ少なくするようにします。

❖代表的なノズルの特徴と使い方

〈ピストルノズル〉

鉄砲ノズルとも呼ばれる霧ありタイプのノズルです。薬液の出る角度を調整することができます。しかし、角度を広くとると薬液の粒子が小さくなるために風の影響を受けやすく、ドリフトしやすくなる欠点があります。薬液は遠くまで届かず、散布者の薬液被曝量も多くなってしまいます。

カンキツ類やカキで薬液の粒子を小さくして散布すると、樹が薬液の霧で包まれ、さもうまく付着しているように見えますが、それは樹冠の外側に限ったことです。内部には思ったほど付着していません。霧が小さいために薬液が遠くまで飛ばないからです。当然、葉裏への付着も不十分です。そのため、薬液の付着ムラがあると防除効果が不十分になる病害虫、カンキツ類でいえばミカンハダニやミカンサビダニ、カイガラムシ類、灰色かび病、果実腐敗などへの効果は不十分となり、せっかく散布しても被害に悩まされることになります。そうならないためには、樹にもぐりこんで散布する必要がありますが、それでは時間がかかるし、散布量も増えて、労力的な負担が大きくなってしまいます。

ただ、ノズルの絞り方にもよりますが、広角ノズルほど霧は細かくなく、ドリフトもひどいわけではありません。したがって、カンキツの黒点病やそうか病、カキの炭そ病など雨媒伝染病害はピストルノズルでもそこそこの効果は上がります。これは樹冠の外周部、とくに上部に薬液が付着すれば、あとは雨で薬剤成分が流されて樹体全体を保護してくれるためです。

ピストルノズルの有効な使用場面は、カンキツの黒点病やカキの炭そ病などの防除を、雨の合間に短時間で終わらせたいときです。薬液の付着ムラができやすいので、殺ダニ剤や殺虫剤、果実防腐剤の散布には不適です。これらの病害虫をうまく防除するためにはは薬液量を増やして、ていねいな散布をしなければなりません。

〈広角タテ型ノズル〉

もっともよく使われているノズルで、霧ありタイプです。薬液の粒子が大変小さいので、少しの風でもドリフトを生じやすく、樹体への薬液付着量が少なくなります。このため、薬液付着量が防除効果を大きく左右するカンキツ黒点病など雨媒伝染病害に対する効果は、とくに散布薬液量が少ない場合には不十分です（62ページ表4―2参照）。

これは風媒伝染病害のカンキツ果実腐敗や微小害虫のチャノキイロアザミウマの場合にさらに明瞭です（表6―4、5）。果実腐敗に対する防除効果は、ノズルの種類を問わず散布量が少なくなるにつれて低下しますが、とくに広角タテ二頭口ではその傾向がより強く現われ、標準の二分の一量では効果はまったくありません。チャノキイロアザミウマに対しては散布量が標準

表6－4　散布ノズルおよび散布量の違いとカンキツ果実腐敗の防除効果との関係

使用ノズル	散布薬液量	最終調査時の累積腐敗果割合（%）			防除価
		緑かび	その他	合計	
強力キリナシプラ2頭口	1/2量	12.8	0	12.8	36.9
	標準量（500L）	10.6	0	10.6	47.8
	1.5倍量	4.8	0	4.8	76.4
新広角改良タテ2頭口	1/2量	45.2	0	45.2	0
	標準量（500L）	13.2	0.6	13.8	32.0
	1.5倍量	2.7	0	2.7	86.7
無　散　布	－	20.3	0	20.3	－

注）収穫10日前の2005年11月26日にベンレート水和剤4000倍とベフラン液剤25 2000倍の混用薬液を散布，品種：山下紅早生

表6－5　散布ノズルおよび散布量の違いとチャノキイロアザミウマの防除効果との関係

使用ノズル	散布薬液量	被害果割合（%）	防除価
強力キリナシプラ2頭口	1/2量	33.7	60.7
	標準量（500L）	25.2	70.6
	1.5倍量	17.6	79.5
新広角改良タテ2頭口	1/2量	54.2	36.8
	標準量（500L）	54.7	36.2
	1.5倍量	21.3	75.1
無　散　布	－	85.7	－

注）2005年5月24日，6月12日，6月29日の3回，モスピラン水溶剤2000倍を散布，10月26日に果梗部被害の発生の有無を調査，品種：山下紅早生

の一・五倍量でまずまずの効果ですが、標準量やその二分の一量だと、とても実用的な効果が得られているとはいえません。

つまり、広角タテ型ノズルはドリフトによって薬液付着量が少なく、また、薬液粒子が小さいために遠くまで届きにくく、樹冠内部への薬液の到達は不十分で、葉裏への薬液付着も不十分です（次ページ写真6―4右下）。このため、散布量を標準よりも増やさないと十分な効果が得られません。この欠点を補うには、樹冠内部や葉裏に、時間をかけてていねいに散布しなければなりませんが、そのぶんの時間と薬液量、ドリフト量が増加するので、効率的で快適な散布とは程遠いものになってしまいます。

〈ドリフト低減ノズル〉

①防除効果

これまでのピストルノズルや広角タテ型ノズルと違って薬液の粒子が大きいのが特徴で、ドリフトが少なく、薬液が遠くまで届くため、樹冠内部へも薬液がよくかかります。一見すると、薬液の粒子が大きいので散布ムラがあるように見えますが、樹体への薬液付着量は前述の二つのノズルに比べて格段に多くなります。また、葉裏への付着が悪いのではないかといわれますが、樹冠内に入った薬液粒子は葉や枝、幹、果実などに衝突して二次霧化、三次霧化を繰り返し、細かい霧になって、葉裏や果実の内向きの面にも付着します（写真6―4左下）。

このため、雨媒伝染病害、風媒伝染病害、微小害虫を問わずすぐれた防除効果が期待できます。とくに、少ない散布薬液量でも霧ありノズルの標準的な散布量と同等以上の効果が得られるというメリットがあります（表6―4、5）。

62ページ表4―2の試験は二五〇L／一〇aと本当に少ない散布量ですが、ドリフト低減ノズル（商品名「強力キリナシプラ二頭口」）は、カンキツ黒点病に対して実によく効いています。発病度の値が一〇以下であればきちんと防除されているといえる黒点病で、発病度五・二と、高いレベルの合格点です。この効果は、散布量が五〇〇L／一〇a、七五〇L／一〇aと増えていってもそれほどは高まりません。二五〇L／一〇aで十分ということです。

一方、同じ二五〇L／一〇a散布でも、広角タテ型ノズル（商品名「新広角改良タテ二頭口」）では発病度一四・二で効果は不十分です。この理由は新広角改良タテ二頭口と強力キリ

霧ありタイプのノズル　こまかい霧で葉や樹を包み込む

広角ノズルの散布。こまかい霧で葉や樹を包み込むから，葉の裏にもよくかかるといわれている
（上の写真は散布実験の撮影のため，薬液の代わりに水を使用）

▶しかし，散布後に見てみると，葉表にはかかっているけれど，葉裏には意外と付着していない

ナシプラ二頭口との薬滴の大きさの違いにあります。強力キリナシプラ二頭口では薬滴が大きいために、ムダな飛散が少ないことが特徴です。新広角改良タテ二頭口の薬滴は、強力キリナシプラ二頭口の一〇分の一くらいの大きさなので、少し風が吹いても流されてしまい、樹体への薬液の付着が悪くなってしまうのです。

②散布法

重要なことはこのときの散布法です。散布量はわずか二五〇L／一〇aなので、樹冠内部にノズルを差し込んでなどという余裕はありません。樹冠の外側を一回散布するだけです。ただこのとき、樹冠の下から上へあおるように散布します。樹冠上部はゆっくりと、下のほうは早めに動かします。同じところを二度がけしません。立ち止まることなく、早足に散布します。時間がないのでノズルを細かく動かすこ

霧なしノズル　大きい粒子を飛ばす

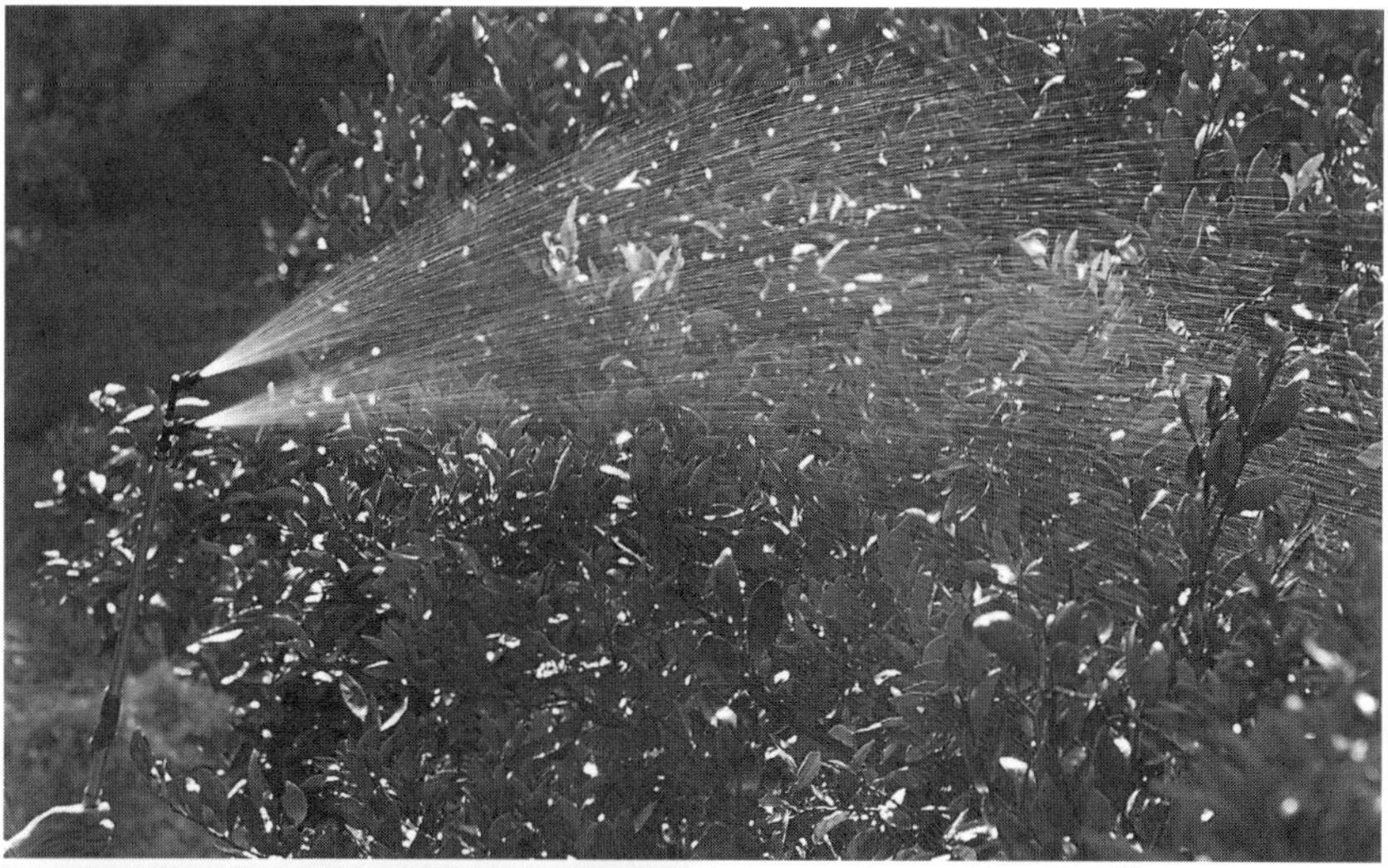

霧なしノズルの散布。竿を上下に動かしているだけの単純作業だが薬液はよく飛んでいる。枝や葉にぶつかってはね返るため，葉裏などにもよくつく

◀葉表にも葉裏にもかかっている

写真6－4　霧なしノズルでも薬液は葉裏に付着する（赤松富仁撮影）

とはできないし、その必要もありません。樹冠の外側だけに薬液をつける感じでよいのです。

「こんな散布で効くはずがない」と、私が霧なしノズルで散布しているところを見る人は必ずいいます。しかしデータが、これで十分な効果が得られることを証明しています。

なお、このノズルは果樹類だけでなく、施設野菜でも灰色かび病、葉かび病、オンシツコナジラミ、アブラムシ類、ハスモンヨトウに、また露地野菜ではタマネギべと病に対して、慣行の霧ありタイプと同等以上の防除効果が得られています。

③散布圧力

このノズルを使ううえで、もう一つ重要なことは散布圧力です。霧なしノズルは散布圧力を上げすぎると薬液粒子が小さくなり、ドリフトが激しくなってノズル本来の能力を発揮できなく

なります。適正圧力の一・〇ＭPa（注）で散布します。慣れないうちは、「こんな薬液の出方で大丈夫だろうか」と心配になりますが、何の問題もありません。今までの「圧力を高めさえすれば薬液付着はよくなる」という常識が間違いなのです。もちろん低圧なので、同じ散布量の場合、高圧散布よりも散布時間は長くなります。しかし、霧なしノズルは散布量が標準より少なくても防除効果が高いので、散布時間がそう長くなることはありません。

（注）圧力単位、メガパスカルの略。以前はkg／cm^2を使っていたが、一九九九年十月以降、あらためられた。一・〇ＭPaは、一〇・二kg／cm^2のこと。

私がとても残念に思うのは、この霧なしノズルを多くの人が適正圧力で散布していないことです。たいていが二・〇〜三・〇ＭPaといった大変高い圧力で散布しています。これではせっかくの霧なしノズルの性能が発揮させられません。これだけ圧力を上げてしまえば薬液粒子が小さくなってドリフトが激しくなり、薬液の付着も悪くなります。そのためわざわざ樹冠内にノズルを突っ込んだやり方で散布しています。「早く散布が終わるから」というのがその理由のようですが、先ほども述べたように一・〇ＭPaでも散布時間が長くかかることはありません。

また、防除効果を左右するのは樹体の薬液付着量です。三・〇ＭPaなどの高圧で散布すると、薬液が当たったところは薬液が流れ去ってしまいます。薬液の粒子も小さいので、葉裏への付着も悪くなります。病気にも害虫にも効果は十分ではなくなるのです。

さらにいえば、圧力を上げると動力噴霧機の寿命も短くなります。エンジンに無理がきて、ピストンの摩耗も早くなります。圧力を上げていいことは何一つありません。適正圧力の一・〇ＭPaを守ることが霧なしノズルを使うときの鉄則です。なお、この圧力はノズルから出るときの圧力です。ホースが長い場合や散布場所と動噴の設置場所との間に高低差がある場合には動力噴霧器の圧力計表示だけでは不正確なので、ノズルの手元に圧力計をつけて動噴の圧力を調整します。

〈理解度チェック〉

- □ノズル選択の基本
- □薬滴（霧）の大きさと薬液の遠達性、防除効果との関係
- □散布圧力と薬滴の大きさ
- □霧なしノズルの特徴と使用方法

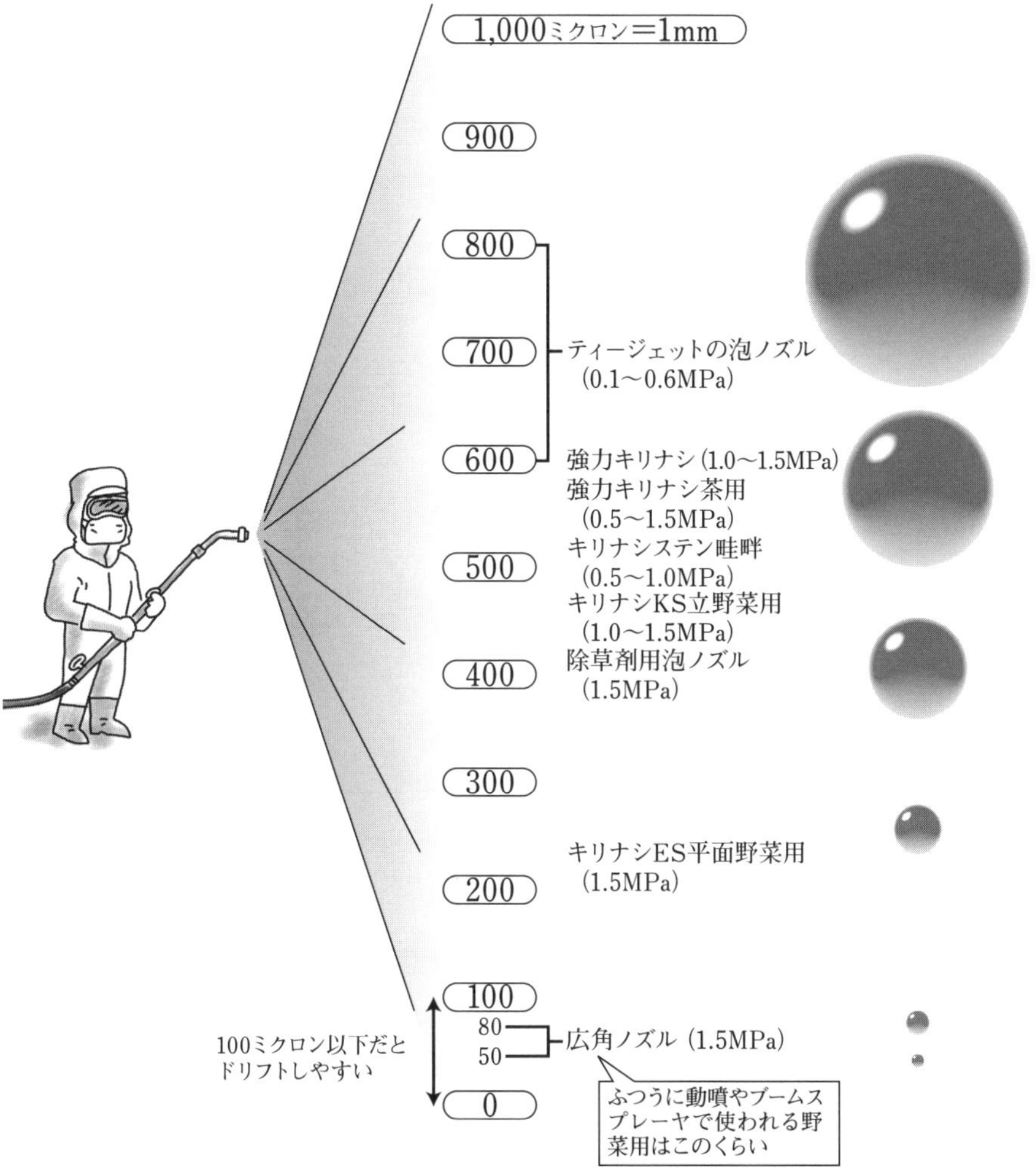

ノズルは散布圧力を高めるほど散布量が増えるが、薬液の粒の大きさはこまかくなり、ドリフトしやすくなる。ムダな薬液が増える。適した圧力はノズルのタイプごとに違うが、強力キリナシを用いてドリフトさせないための

適正な噴霧圧力は1.0MPa（約10kg/cm²）程度

噴霧圧力は手元の圧力計で見る。セット動噴と長いホースを使って散布する場合，ホースによる減圧や動噴と散布者との高低差で圧力は変わり，ホースが100mだと，手元では0.7MPaくらい低くなる

※このページはヤマホ工業（株）のカタログと日本植物防疫協会のドリフト対策マニュアルを参考にしました

図6－6　噴霧圧力と薬液粒子の大きさ

3 スピードスプレーヤーでムラ・ムダなく散布する工夫

SS（スピードスプレーヤー）は果樹園の省力防除に欠かせません。経営規模が大きいところはSSなしに防除作業が成り立ちません。SSはリンゴやカンキツなどの立体的な果樹の防除に適していますが、ナシやブドウなど棚栽培の果樹には使い方によっては効果が不安定になってしまいます。棚栽培果樹でのSS散布の問題点と、その改善策を確認しておきましょう。

❖走行列の棚面の効果が低い

これは意外なことですが、SSが通る真上の部分の防除効果は低いのです。風圧で葉がそり返ってしまい、葉表への薬液付着が極端に悪くなってしまうからです（図6―7）。葉表への薬液付着が悪いということは、ナシでは黒星病や輪紋病、ブドウでは晩腐病や黒とう病、枝膨病など雨媒伝染病害はもちろんのこと風媒伝染病害に対しても効果が不十分ということです。

一生懸命にSSを使って散布しているのに、どうしてこんなに病気が出てしまうのだろうと悩む人は少なくありません。しかし、「薬剤散布＝SSを走らせること」ではないのです。薬剤散布は薬液を必要な部分にたっぷりとつけることです。SSでうまく防除できない人はいちど、SSが通ったところの薬液の付着状況を確認してみてください。葉表、葉裏、どのようなつき方をしているか自分の目で確認することが大切です。

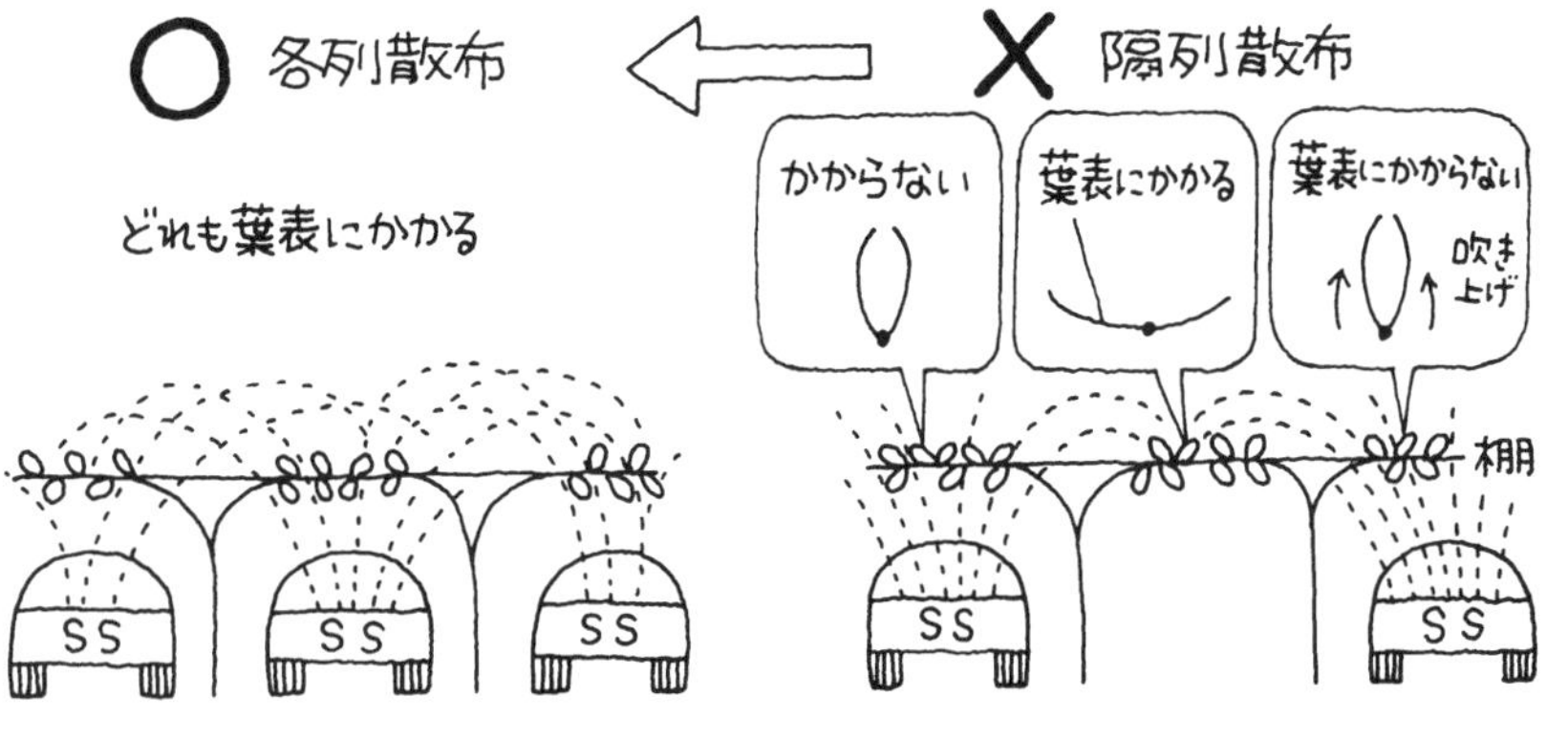

図6―7　圧力が高いとSS散布は葉がそり返ってしまう

❖重要防除時期は全通路を走行する

ＳＳの通路部分の防除効果は低いのに、その隣の列でそこそこに効果が上がるのは、葉がそり返ることがないので、葉表への薬液の付着が良好だからです。そこで少なくとも重要防除時期だけはすべての通路を走行して散布してみてください。走行スピードをやや速くしても散布薬液量が増えて散布時間も長くなりますが、すべての列で葉表への薬液の付着がよくなって防除効果が高まります。

❖ドリフト量を減らす

ドリフトはＳＳの大きな欠点です。散布圧力を上げれば上げるほど、薬液の粒子が小さくなりドリフトは激しくなります。ドリフトを少なくして棚面への薬液付着をよくするには、通常よりもやや低圧で散布するか、ノズルを薬滴がやや大きめのものに替えます。圧力を上げないと遠くまで薬液が飛ばない気がしますが、薬滴が小さくなるので相対的に空気抵抗が増して、圧力を上げたわりに遠く飛びません。すべての列を散布する場合、圧力を上げる必要はありません。確実に葉表に薬液は付着します。ムダな高圧散布から早く卒業すべきです。

〈理解度チェック〉

- □ＳＳの棚栽培散布では走行列の効果が低い
- □重要防除時期はすべての通路を通って散布する
- □ドリフト量を減らす工夫

4 ぜひ揃えたい常備薬——マシン油とボルドー、石灰硫黄合剤

マシン油とボルドー液、そして休眠期防除の項で紹介した石灰硫黄合剤を含めた三剤は、化学合成農薬が登場する以前から、病害虫防除の数少ない手段として農業生産を支えてきました。現在は、複雑な化学構造式をもった薬剤が幅をきかせていますが、これらは原料も油や石灰、硫黄、硫酸銅ととても単純なものなら、製造法もとてもシンプルです。そのぶん、樹体への作用もストレートで薬害が出たり、他剤との混用もしづらかったり、多少くせがないわけではないですが、幅広い種類の病害虫に効果を示し、長年使われていることからもわかるように抵抗性の発達が問題になることもありません。

また、複雑な化学的処理も行なわれていないことから、安全性が高く、環境にやさしい剤だともいえます。実際、これら三剤は「JAS有機農産物」で使用できる農薬としても認められており、「特別栽培農産物」の栽培では、使用しても農薬の散布回数としてカウントされることはありません。

古い剤だからダメと頭から決めつけず、これらの剤を有効に利用することが大事です。またこれらを利用してこそ、効果的でラクな防除ができるというものです。自分の今の防除体系を見直し、利用できるところには積極的に組み入れ活用していくことが望まれます。

以下、三剤のうち、51ページの休眠期防除の項で紹介した石灰硫黄合剤を除き、マシン油とボルドー液について取り上げます。

❖マシン油

他の殺虫剤に比べ環境への影響度合いは低く、においも少ないので使いやすい薬剤です。

〈休眠期散布〉

マシン油の定番の使用時期といえば休眠期です。落葉樹では葉にかかると激しい薬害が発生することが多いので、芽が動き始めないうちに散布しなければなりません。樹勢の弱った樹や果実を成らせすぎた樹では、濃度を薄めにして散布します。休眠期には石灰硫黄合剤を散布することも多いのですが、このようなときには一〇日以上間隔をあけてからマシン油を散布します。逆に、マシン油を散布したあとに石灰硫黄合剤を使うときは薬液の付着が悪くなるので、少なくとも一ヵ月以上あけてから散布します。

もう一つ、厳冬期には散布しないよう注意します。もともと寒い時期の薬剤散布は樹体にストレスがかかってよくないし、マシン油が散布された樹は寒さに弱くなります。一月上旬までに散布を終えるか、あるいは三月中旬以降、暖かくなってから使用します。

なお、カンキツでは三月散布の場合、一月上旬までの散布に比べて四月以降の落葉が激しいように感じますが、これは落ちる予定の旧葉の落葉が少しだけ促進されたことによるもので、心配はありません。

〈生育期散布〉

カンキツでは戦前からマシン油の生育期（夏季）散布を行なってきました。しかし、当時の製品は精製度が低く、つねに薬害発生の危険が伴いました。戦後は改良が重ねられて、油分六〇％から八〇％、そして九五％、さらに一九六〇年代半ばになると原料油の精製が進んだ高度精製マシン油と呼ばれる油分九七％のものが開発されました。これによって生育期散布が可能になりました。

最近のミカンハダニ防除は、殺ダニ剤の使用を八月下旬～九月上旬の一回に限ることがふつうです。それまではどうするかというと、天敵の活動にまかせてまったく何もしないという人もいますが、五～六月のマシン油散布で対応するのが一般的になりつつあります。この時期のマシン油はたいてい殺菌剤に混用散布されますが、マシン油がもつアジュバント効果で、マンゼブ水和剤（ジマンダイセン水和剤・ペンコゼブ水和剤）では黒点病に、マネージM水和剤やサーガ水和剤では、そうか病や灰色かび病、黒点病に対する防除効果が向上し、散布回数を少なくできる利点があります。

つまり、殺菌剤の散布時にマシン油を混用することでとくにハダニ防除を意識しなくても十分な効果が得られるわけです。六～七月に高価な殺ダニ剤を使用しなくてもよいのはこれまでミカンハダニ防除に困っていた現場にとって朗報です。

〈夏季マシン油散布のコツ〉

①濃度はダニの密度に応じて設定

この時期、散布するマシン油の濃度は、樹体への影響を小さくするため、できるだけ低くします。ハダニが目につく場合は二〇〇倍で、ほとんど見かけないようなときは四〇〇倍で混用します。四〇〇倍程度でも、五～六月に連続して二～三回散布することで八月下旬までハダニを低密度に抑えておくことができます。

②たっぷり散布する必要はない

マシン油は、これまでたっぷりと、かけムラなく散布しなさいと指導されてきました。冬季マシン油散布ではこのことは正しいです。しかし夏季マシン油の場合、かけムラができても二～三回連続してかけていればダニに対する効果は十分に確保されるので、標準量よりも少ない散布量（樹の大きさにもよるが、一〇a当たり三〇〇～五〇〇L程度）で大丈夫です。つまり、殺菌剤の散布量に合わせていいということです。この場合のノズルは霧なしノズルで十分です。

マシン油の効果はハダニの気門をふさいで呼吸困難にすることで得られるというのが一般的な理解だと思われますが、それだけではありません。実は、マシン油が散布されている葉では無散布と比べてミカンハダニの寿命が短く、また産卵数も少なくなります。

こうした副次的な効果も手伝ってハダニの防除効果が現われています。したがって、マシン油をミカンハダニが低密度のときから散布することで、あるいは連用散布することで、よりいっそうその防除効果を高めることができます。

〈夏季マシン油散布の注意点〉

①六月までの使用に限る

マシン油散布によって一週間程度、カンキツ樹の光合成能が低下します。このため、五～六月の連続散布が樹体や果実品質に及ぼす影響が心配です。しかし調べた限りでは、明らかに糖度が低下するという証拠はありません。逆に、マシン油の種類によっては、糖度が上昇することがわかってきました。ただ、七月以降になると糖度は明らかに低下するので、必ず六月までの使用にとどめます。休眠期散布の冬マシンに対して夏マシンとよくいいますが、実際には春マシンの感覚です。

図6―8は佐賀県のデータで、一部に七月散布の問題事例もありますが、おおむね六月までに散布を済ませており、とくに問題になるようなことはおきていません。

②マシン油は製品で使い分ける

マシン油といっても多くの製品があり、原料になる原油の産地や精製方法がメーカーによって違っています。このため、製品によって葉や果実への油分の取り込み量が異なるようで、この違いが、ダニの防除効果、病害予防効果の助長程度（アジュバントとしての効果）、果実糖度に対する影響などの違いに関係していると考えています。

これまでに得られているデータによると、ハーベストオイルは殺ダニ効果とアジュバント効果にすぐれていますが、果実糖度は若干下がる傾向にあります。これに対してスプレーオイル、スピンドロン乳剤はハーベストオイルに殺ダニ効果とアジュバント効果では

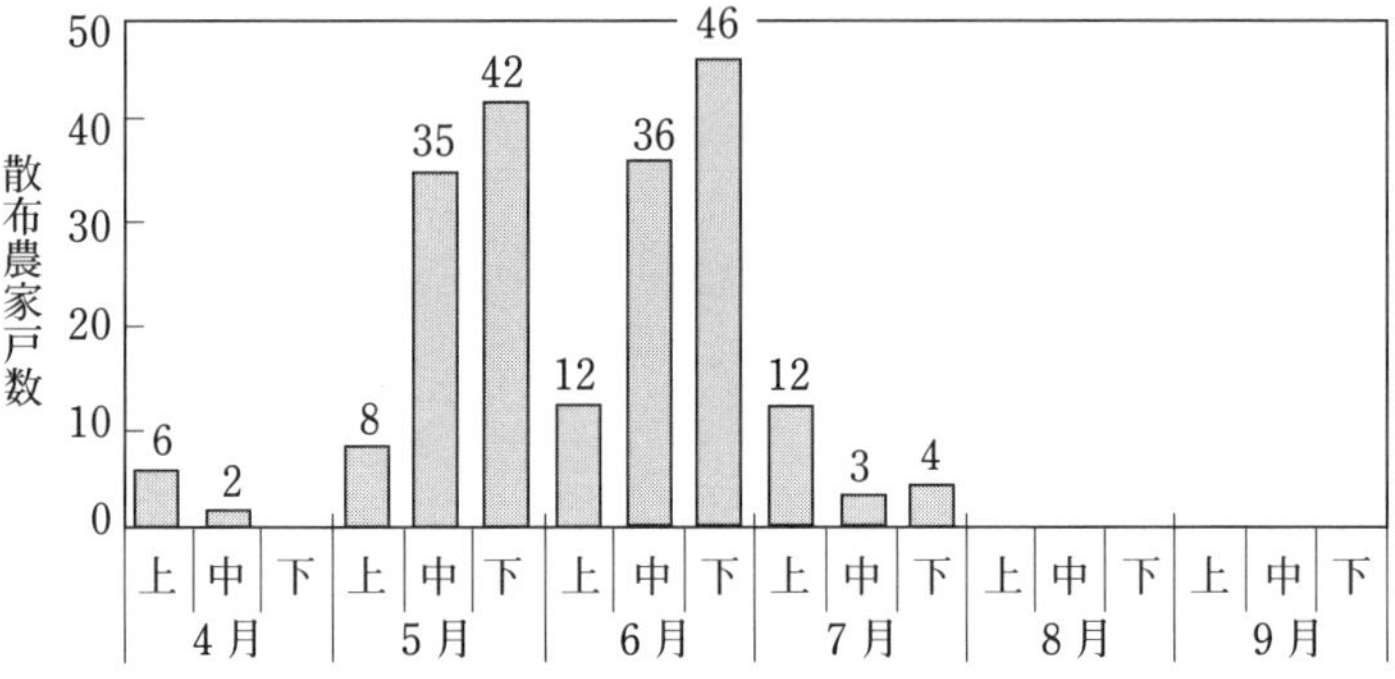

図6−8　マシン油の散布時期別農家戸数　(2003～2005年の合計)
5月中下旬と6月中下旬の散布が多いのは，黒点病防除剤散布時に混用されていることを示している

やや劣りますが（マシン油無加用に比べるとすぐれた効果です）、果実糖度が下がることはありません。アタックオイルは両者の中間的な性質です。ラビサンスプレーは殺ダニ効果が低くなります。

これらの性質を考慮してマシン油を使えば効果が高く、樹体への悪影響がより少ない防除を行なうことができます。六月上～中旬まではハーベストオイルを使い、その後はスプレーオイルやスピンドロン乳剤を使う体系にしたり、果実糖度への影響が気になる人はスプレーオイルやスピンドロン乳剤を期間を通して使用します。

③マシン油だけの散布はしない（温州ミカン）

マシン油を散布した樹は降雨後の雨滴の乾きが遅くなります。このため、黒点病やそうか病などの病害の多発生を招いてしまいます（もちろん、殺菌剤の残効が持続していれば大丈夫です）。温州ミカンでマシン油を散布する場合は殺菌剤を加えることが基本です。

④中晩柑では原則、マシン油と殺菌剤の混用はしない

甘夏やブンタンにマシン油とジマンダイセン水和剤を混用散布すると、果面の薬液付着部に褐変などの障害が発生するので、マシン油だけの散布に限ります。この他の中晩柑品種では混用可能な場合もありますが、散布にあたっては事前の確認が必要です。また、黒点病対策をきちんとやっておかなければなりません。

❖ボルドー液——減農薬防除に欠かせない薬剤

ボルドー液とは、硫酸銅と生石灰との混合液のことです。古くから用いられており、幅広い病害に効果を示す万能薬です。ボルドー液はその発明以来一二〇年以上にもなりますが、世界中でいまなお各種病害の重要な防除剤として使用されています。驚異というほかありません（次ページコラム参照）。

〈ボルドー液の特徴〉

最近は、「調製が面倒だ」「混用できる薬剤が少ない」などの理由から敬遠されることの少なくないボルドー液ですが、他の剤にない多くの長所があります。

①幅広い病害に効果

多くの樹種の多くの病害に対して予防効果があり、そこそこの効果を示す汎用剤です。病害の種類によっては専用剤にも劣らないすぐれた効果が得られ、とくにカンキツのかいよう病防除では欠かせません。

ボルドー液誕生のいきさつ

●泥棒よけから殺菌剤

ボルドー液のボルドーとは、フランスの首都パリから南西部へ五〇〇㎞ほどのところにある町の名前で、古くからワインの産地として知られています。この地にあるボルドー大学の植物学教授だったミラルデー（一八三八〜一九〇二）は、発病すれば壊滅的な被害が出るべと病の防除法を研究していました。水溶性の銅がべと病菌の胞子発芽を抑制することまでは明らかにしていましたが、それ以上の進展はないまま、問題解決の糸口を探っていたときです。あるブドウ園で、泥棒よけに硫酸銅と石灰の混合液を散布していたところでべと病が発生せず、元気な葉を残しているのに気付きました。一八八二年の秋のことです。

当時はブドウ泥棒が横行していたので、ブドウにどぎつい色をつけて食欲をなくしてしまう目的で、この混合液が散布されていました。たまたまそのときの混合液の濃度や、散布時期が、べと病の発病抑制に適していたことが大きかったと考えられますが、その様子を見逃さなかったミラルデーはすごいものです。彼はこの現象にヒントを得て、硫酸銅と生石灰の混合比などについて研究を進め、今日ボルドー液と呼ばれている殺菌剤の開発に成功しました。一八八五年十月のことです。

●一二〇年以上使われ続ける

その後、ボルドー液はジャガイモ疫病やリンゴ黒星病にも効果が認められ、現在では数多くの作物で利用されています。また、現在の各種銅殺菌剤の開発のヒントにもなっています。ボルドー液発明の貢献は計り知れないものがあるといえます。

わが国でボルドー液が最初に用いられたのは一八九七年（明治三十年）で、ワイン王として知られる神谷伝兵衛が茨城県牛久のブドウ園でべと病予防のために散布しています。その後、一九〇六年には静岡のチャで使用され、一九一三年には青森のリンゴで普及が始まりました。

②長い残効

雨に強く、残効が長いため、安定した効果を示します。カンキツかいよう病の場合、散布後の累積降雨量三〇〇mmまでは十分な効果を示すので、無機銅水和剤に比べて効果が安定しています（無機銅剤水和剤は二〇〇mm）。これまでのデータからは無機銅水和剤の場合の半分程度にまで発病が抑制されています。

③作物を強くする

ボルドー液は保護剤ですから、他の保護殺菌剤同様、病原菌の感染阻止作用があります。しかし、それ以外にも、病気に対する樹体の抵抗力を増強する独特の作用があります。ボルドー液の硫酸銅が樹体を刺激し、その体内に抗菌物質を生成させて発病を抑制します。一種の抵抗性誘導です。

この他に、ボルドー液はカルシウムや銅の補給にも大きく役立っています。そしてこれらの補給によって樹が健全に育ち、結果として病害の発生が抑制されることにもなります。

④安全で安価

さらに、毒性が低いということもすぐれた特徴です。銅は人間にとっても必須元素ですし、毎日使っている十円玉が銅貨であることからも、人間に対する毒性の低さが理解できます。ほかの薬剤に比べて大変安価であることも大きな魅力です。

⑤ナメクジ、ウスカワマイマイにも効果あり

ナメクジやウスカワマイマイは防除困難な有害動物ですが、銅をとても嫌います。直接かけると殺貝効果がありますし、樹体に散布しておけば忌避効果があります。耐雨性が強いので、長期間効果が持続するのが特徴です。このような効果は銅水和剤でも現われます。また、株元に銅版を巻きつけておくと地面からナメクジやウスカワマイマイが登ってくるのを防ぐことができます。調製ボルドーにはこれらの貝類に対する農薬登録はありませんが、このあと説明するＩＣボルドーは、これらの貝類に対して適用が拡大されています。

〈ボルドー液の問題点〉

ボルドー液にはすぐれた特徴がある一方、使いづらい剤であることも事実です。ボルドー液を安心して使うには、どのような問題がおきるのかをよく理解しておくことも大切です。

①発病してからの効果は低い

典型的な保護剤なので、病原菌の感染前に散布しないと効果は望めません。ボルドー液は予防散布が鉄則です。病気がすでに発生しているときには効果が低いので、まず、対象病害に対する専用剤を集中的に使って発生の拡大を抑えてからボルドー液を散布します。

②薬害が出やすい

薬害が出やすいのも欠点です。しかし、それが特徴の一つだと考えておけば、大きな問題にはならないはずです。

代表的な薬害としては、カンキツでは春葉先端のやけと果実のスターメラノーズ（星型の黒点）があります。やけは春葉の展開時期に散布した場合に石灰が原因で発生します。スターメラノーズは銅による薬害です。黒点病と見分けがつきにくいのですが、点の周りが不整形（星型）になっていることで区別できます。果実に発生すると商品価値が下がるので、果実が肥大してからの散布は避けたほうが無難です。したがって、カンキツでは、発芽前、春葉の完全展開後～幼果期の散布がお勧めです。果樹の種類によっては緑枝にスターメラノーズよりずっと大きな

黒色の盛り上がりが見られますが、それで生育が抑制されるなどの実害を生じることはありません。

③混用できる薬剤が少ない

強アルカリ性なので、混用できる薬剤がきわめて限られています。何でもかんでも混用するわけにはいきません。混用した薬剤の防除効果が得られなくなります。ボルドー液との混用ができるのかどうかは、農薬のラベルに記されているので、よく確認します。

④汚れが激しい

136ページのコラムで紹介したように、本剤を散布すると、薬液が付着したところが青くどぎつい色になります。葉や枝だと問題にはならない場合がほとんどですが、果実が汚れてしまっては売り物にはなりません。しかし、果実の汚れがもっとも問題になるブドウでも、開花直前までと袋をかけてしまってからの使用であれば、何の問題もありません。結構、使用できる期間はあるものです。

⑤サビダニ・ハダニが増える

ボルドー液を散布するとミカンサビダニは間違いなく増加します。サビダニ対策をしていないと大きな被害を出してしまうので、注意が必要です。ハダニ類も増える場合が多いようです。ただしこれはボルドー液に限ったことではなく、銅水和剤には共通した問題です。なぜ、サビダニが増えるのか原因はよくわかっていませんが、果実表面に棲息して密度抑制に働いているサビダニ寄生細菌類をボルドー液が抑制するからではないか、という説があります。

⑥土壌中への銅の蓄積

年間に何回も、長年にわたってボルドー液を使用していると、銅が土壌に蓄積して、樹種によっては生育に悪影響を与えることがあります。しかし、ボルドー液は保護殺菌剤ですから樹体から薬液が滴り落ちるほど多量に散布する必要はないし、残効期間が長く、汎用性があるという特徴を生かして、使用時期や回数を限った散布を行なえば、土壌蓄積の問題はそれほど深刻化しないと思われます。ボルドー液を使わなくなって、これまで問題にならなかった病害が多発している事例もあります。問題があるからまったく使わないというのではなくて、どうすれば使えるかを考えたほうが得策です。

⑦調製が面倒

ボルドー液の調製は面倒です。ふつう、農薬は袋やボトルを開けて水に溶けばすぐに散布できます。しかしボルドー液は、使用する人が自分自身でつくらなければいけません。今風の薬剤ではないことが、ボルドー液が敬遠されているもっとも大きな理由でしょう。しかし最近、水に溶くだけですぐに使うことのできるＩＣボルドーが登場して、この点についてはかなり軽減されました。ただし、とても安価であるという利点は若干失われてしまいましたが…。

〈ボルドー液の調製方法〉

調製が面倒とされるボルドー液ですが、ゆとりをもってつくればそんなに苦労することはありません。

①ボルドー液の○―□式とは？

水一Ｌに対して、硫酸銅と生石灰の分量（単位ｇ）をそれぞれＸｇとＹｇ加えて調製したボルドー液を〝Ｘ―Ｙ式ボルドー液〟といいます。たとえば、四―八式であれば水が一Ｌに対して、硫酸銅四ｇと生石灰八ｇが含まれていることを示しています。硫酸銅が多ければ効果は高まりますが、薬害の発生も多くなります。生石灰が多くなれば効果はやや低くなりますが、薬害の発生は少なくなります。このように、硫酸銅と生石灰との量と割合がボルドー液の効果と薬害の発生に密接に関係しています。ボルドー液になぜ、硫酸銅と生石灰の濃度の組み合わせがいろいろあるのかというと、作物の種類、品種、生育ステージ、そのときの降雨の多少などによって薬害発生の状況が異なっているからです。今日では、長い間の研究の蓄積からそれぞれの場合に最適の濃度の組み合わせが明らかになっています。他の農薬と違って、ボルドー液は自分で調製するので、このようなことができるのです。面倒とはいえ、いま自分が必要とする最適の農薬を自分でつくることのできる、いうなればオーダーメードなわけですから、これこそ究極の薬剤といえるかもしれません。

②白地に青く…、石灰乳の中へ硫酸銅液を

調製手順は以下のとおりです（図6―9参照）。

❶大きな容器二つと小さな容器一つを用意する（金属性の容器は使わない）。

❷硫酸銅と生石灰を準備する（四―八式を一〇Ｌつくる場合、硫酸銅は四〇ｇ、生石灰は八〇ｇになる）。このとき、必ず農薬登録のある硫酸銅、生石灰を使用する。その他の用途のものを使ってはいけない。

❸大きな容器（Ａ）に所要量の硫酸銅を入れて少量の温湯で溶かしてから、全量の八～九割の水で薄める。粉末の硫酸銅は溶かしやすいが、大きなかたまりの場合は、なかなか溶けないので、まず硫酸銅を布の袋に入れて、水を入れたポリ容器の中に

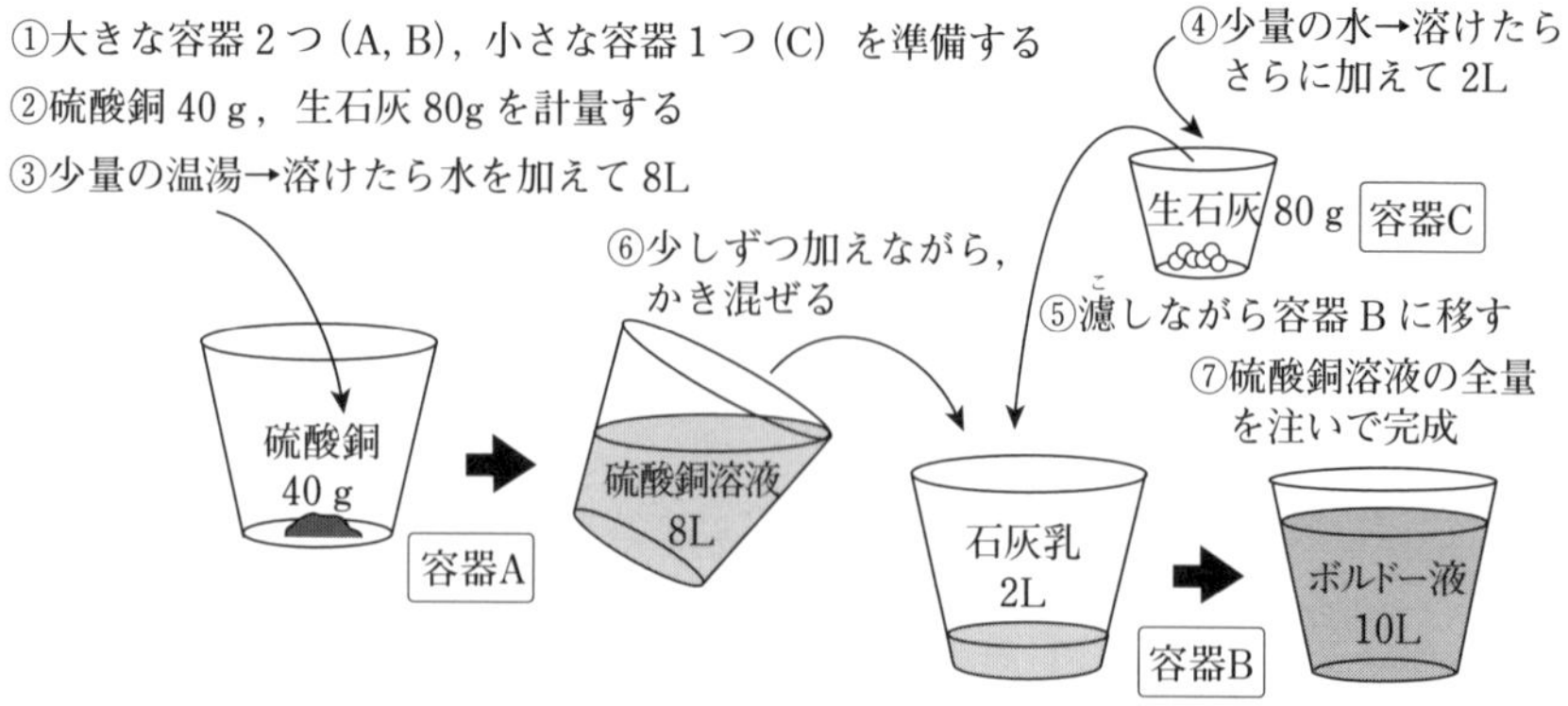
①大きな容器２つ（A, B），小さな容器１つ（C）を準備する
②硫酸銅 40 g，生石灰 80g を計量する
③少量の温湯→溶けたら水を加えて 8L
④少量の水→溶けたらさらに加えて 2L
生石灰 80 g
容器C
⑤濾しながら容器Bに移す
⑥少しずつ加えながら，かき混ぜる
⑦硫酸銅溶液の全量を注いで完成
硫酸銅 40 g
容器A
硫酸銅溶液 8L
石灰乳 2L
容器B
ボルドー液 10L

図6－9　4－8式ボルドー液のつくり方（10L の場合）

つるす。硫酸銅は比重が重く溶けると下に沈むので、容器の上のほうにつるすのがコツ。硫酸銅の量が多い場合はいくつかに分ける。溶けるにはかなりの時間がかかるので、できれば前日から準備をしておくとよい。

❹小さな容器に所要量の生石灰を入れ、小量の水を注ぐ。化学反応でこのとき発熱するので注意する。十分に溶けたら全量の一～二割の水を加える。できあがった白い不透明な液体が石灰乳である。

❺石灰乳を目の細かい金網でこしながら、もう一つの大きな容器（B）に移す。生石灰には粉末状と固形状のものがある。粉末はほとんど溶けるので問題ないが、固形状のものはカスが残るので、粉末の場合よりも一～二割多く溶かすようにする。

❻石灰乳は温度が高くなっているので冷えるまで待って、両方の液温が同じくらいになったときに、大きな容器（A）の硫酸銅液をもう一方の大きな容器（B）の石灰乳のほうに少しずつ注ぎながら、竹ぼうきなどで最後までよくかき混ぜる。硫酸銅は酸性、石灰乳はアルカリ性になっている。混ぜるときにはアルカリ状態で反応させたほうが、ボルドー液の粒子が細かいものになり、懸濁性がよいので必ず石灰乳のほうに硫酸銅液を注ぐ。繰り返すが、絶対に硫酸銅液に石灰乳を注がない。逆にすると、ひどい薬害が出ることもある。「白地に青く」と覚えておけばよい。また石灰乳に硫酸銅液を注ぐ場合、一度に注がない。

❼全量を注ぎ終われば完成。なお、ボルドー液にあとで水を加えて薄めることはよくないので、最初からできあがりの量を考えて硫酸銅と生石

灰を溶かすようにする。

なお、消石灰を使用するときは、生石灰の場合より五割増しの量を使います。

一般にボルドー液は効果や薬害の面から、調製したらすぐに散布しなければいけないと思われていますがそうではありません。調製して二日後まではわずかに物理性が悪くなるが、効果や薬害の点では調製直後とまったく変わりません。したがって、ボルドー液の調製に手間がかかると思う人は散布前日に準備しておけばよく、散布当日に慌てることはないのです。

〈散布上の注意点〉

ボルドー液は放っておくとじきに沈殿するので、散布をするときには絶えず攪拌していなければいけません。

〈ICボルドーの利用〉

井上石灰工業㈱が開発した「ICボルドー」は革命といってもよい製品です。これまでボルドー液といえば、材料の入手や調製に手間がかかり、たまには調製に失敗してしまうこともありました。しかし、ICボルドーは一般の薬剤と同じように水に溶くだけですぐに使えるので、このうえなく便利です。また製品の種類や希釈倍数によって硫酸銅と石灰のいろいろな組み合わせができるので、多くの樹種に対応できます。価格的には調製ボルドーの一・五倍から二倍と高くなりますが、もともとボルドー液は安価な薬剤です。つくる手間を考えると、高すぎることはありません。ちなみにICのIは井上の、Cはカルシウムの頭文字です。

〈理解度チェック〉

- □冬季マシン油と夏季マシン油散布上の注意点
- □マシン油は製品によって性質が違う
- □マシン油だけの散布は病害発生を助長する
- □ボルドー液の特徴と問題点
- □ボルドー液の調製方法
- □調製ボルドーとICボルドー

あとがき

本書を最後までお読みになった感想はいかがでしょうか。ともかくあとは行動あるのみです。これまでよりも少ない散布回数で、これまでよりも上手に病害虫防除ができるようになっていただけるものと期待しております。なお、疑問に思うところやおかしな点などありましたらぜひご連絡ください。

本書を貫いているポリシーは「農家のために」です。これは佐賀県果樹試験場病害虫研究室で脈々と引き継がれているもので、二〇年前に薬剤の溶かし方や散布法さえも知らなかった私が指導を仰いでいた貞松光男博士（元佐賀県果樹試験場長）からいつも聞かされていました。博士からはきびしくも温かみのあるご教示を今でもたくさんいただいており、これまでの集大成が本書です。ここに厚く御礼申し上げます。また、たくさんの有用な知見をいただくとともに真剣な議論を通じて考え方を深化させることができました諸先輩、同僚、後輩、関係者の皆様並びに現地試験で無理なお願いを聞いていただいた多くの農家の皆様に厚く御礼申し上げます。ありがとうございました。

最後に本書の出版にあたって農文協編集部の方々にお世話になりました。深く御礼申し上げます。

田代　暢哉

著者経歴

田代　暢哉（たしろ　のぶや）

1956年佐賀県生まれ

1979年佐賀大学農学部卒業、同年、佐賀県畑作試験場（現、上場（うわば）営農センター）。1986年、佐賀県果樹試験場を経て、2007年から佐賀県上場営農センター研究部長

2002年に根拠に基づいた病害虫防除（Evidence- based Control 略してEBC）の概念を提唱し、2005年から仲間と研究会を立ち上げ、理論的な防除の構築とその普及を目指している

1989年、日本植物病理学会学術奨励賞受賞、農学博士（九州大学）

だれでもできる

果樹の病害虫防除

ラクして減農薬

2007年8月31日　第1刷発行
2024年5月20日　第10刷発行

著者　田代　暢哉

発行所　一般社団法人 農山漁村文化協会
郵便番号 335-0022　埼玉県戸田市上戸田2－2－2
電話　048(233)9351(営業)　048(233)9355(編集)
FAX　048(299)2812　振替　00120-3-144478
URL　https://www.ruralnet.or.jp/

ISBN978-4-540-07113-3　DTP製作／(株)農文協プロダクション
〈検印廃止〉　印刷・製本／TOPPAN（株）